# にほんご かんたん

# SPEAK JAPANESE

## A TEXTBOOK FOR YOUNG STUDENTS

# BOOK 1

Kiyo  Saka
Hisako  Yoshiki

Kenkyusha

*Speak Japanese*  (**BOOK 1**)

Published by Kenkyusha Publishing Co., Ltd.
2-9, Kanda-Surugadai
Chiyoda-ku, Tokyo 101
Japan

First edition 1988

Printed in Japan by Kenkyusha Printing Co.

ISBN 4-327-38420-8

# PREFACE

While teaching Japanese language at the international schools in Japan, we came to realize that the biggest problem is the lack of the teaching materials. We could not find anything suitable for the students who have outgrown the textbooks written for children, but are still too young to study from the books prepared for the university students or the grown-ups. In our desperate need for a textbook at this level, we wrote one for the intermediate class for our own use. Then we realized that it was necessary to write a series of books from the very beginning level to the level of more advanced Japanese. This is why we wrote this book especially for the beginners.

The primary emphasis of this book is to "speak" Japanese. For this reason, we avoided the use of *Roma-ji*, or Japanese sounds described in English alphabets, so that the influence of the students' native tongue should not keep them from mastering correct pronunciation. We also avoided the use of *Kanji*, or Chinese characters, in Book 1 in order to keep the students' burden to a minimum.

The sentence patterns are presented in such a way that the students can express their needs when necessary. The situations chosen for the dialogues are very practical ones. The students will be able to survive in their contact with the Japanese community where they are going to speak Japanese for the first time.


The specialists who helped on this textbook :
   Tazuko Uyeno,          Japanese Linguistics Consultant
                          Director, Department of External Services Centre
                          for Teaching of Japanese as a Foreign Language.
                          The National Language Research Institute
   Tim Meyers,            English Language Consultant
                          English Teacher – Middle School, The American
                          School in Japan
   Masako Sazanami,       Illustrations and Cover Artist.

Our special thanks to the following people and institutions:

Fumiko Koide, formerly professor, International Christian University, currently Dokkyo University, Himeji Campus;

Ray F. Downs, Headmaster of the American School in Japan (A.S.I.J.);

Scott Duyan, Principal of Middle School, A.S.I.J.;

Koko Jungnickel, Japanese Language Instructor, A.S.I.J.;

Tamako Ueda, Japanese Language Instructor, International School of the Sacred Heart (I.S.S.H.);

Koshizu Hiura, Japanese Language Instructor, Yokohama International School (Y.I.S.).

June, 1987;
Authors; Kiyo Saka
Hisako Hohsaki Yoshiki

# To the Students

The first nine lessons are introductory lessons. In going through these lessons, you will get some basic practice before going into systematic studies of the language.

The introductory lessons are designed to give you some experiences in the language, as well as some useful words and expressions, so that you can use them immediately outside class.

When you study these lessons, you do not have to think much about the grammar. The grammatical points will be explained step by step in the lessons following the introductory lessons.

First, you should learn how to read and write *Hiragana*.

*Katakana* is used differently. We will talk about it later. In the meantime, you'll learn some *Katakana* but only as it comes up in the lessons.

# 刊行によせて

　現在、日本語の学習者は著しく多様化し、それに対応する教材、教授法の開発の必要性が叫ばれている。しかし、中等教育の中にある学習者のニーズには、まだあまり目が向けられていないのが現状である。小学校高学年から高校にかけては、外国語の学習を始めるのに最も適した時期である。にもかかわらず、今まで中等教育段階の日本語教育は、現場の教師の個々人の努力のみに頼ってきたといえる。関係者が共通して使える教材の開発も極めて少ない。

　この教科書は、このような状況の中で、20数年間、その必要性をかみしめてきた教師たちが「もう待てない。自分らの手で何とかしなければ」という、やむにやまれぬ気持ちで完成させた画期的な教材である。この本の随所に、生き生きとした、すぐに役立つ日本語を楽しく学ばせたいという願いが感ぜられる。

　教師というものは、どんな本を使って教えるときも、自分の生徒に合うように工夫し発展させて教えなければならないものであるが、この本は、教える人たちのイマージネーションを広げ、自分の生徒にはこのように教えたいという気持ちにさせてくれるにちがいない。

　この一冊が今後いろいろな中等教育の場で用いられ、さらにこれを踏み台としてより優れた中等教材が創り出されていくことを心から願っている。

水谷　修（名古屋大学教授）
Osamu Mizutani
Professor
Nagoya University

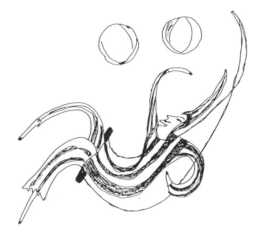

# も く じ

# Sound System

## 1) Basic Sounds Which Are Shown in a Single Written *Kana*

| W | R | Y | M | P | B | H | N | D | Ts | Ch | T | J | Z | Sh | S | G | K | |
|---|---|---|---|---|---|---|---|---|----|----|---|---|---|----|---|---|---|---|
| わ | ら | や | ま | ぱ | ば | は | な | だ | | | た | | ざ | | さ | が | か | あ **A** |
| | り | | み | ぴ | び | ひ | に | | | ち | | じ | | し | | ぎ | き | い **I** |
| | る | ゆ | む | ぷ | ぶ | ふ | ぬ | | つ | | | | ず | | す | ぐ | く | う **U** |
| | れ | | め | ぺ | べ | へ | ね | で | | | て | | ぜ | | せ | げ | け | え **E** |
| | ろ | よ | も | ぽ | ぼ | ほ | の | ど | | | と | | ぞ | | そ | ご | こ | お **O** |

There is one more sound which is shown by a single *kana*. It is ん. ん itself is pronounced through the nose, but it changes its sound in the combination of other *kana*.

Ex.：しんぶん (newspaper)

さんぽ (walk)

まんが (comic book)

## 2) Basic Sounds Which Are Shown by a Combination of Two Written *Kana*

| Ry | My | Py | By | Hy | Ny | Ch | J | Sh | Gy | Ky | |
|----|----|----|----|----|----|----|---|----|----|----|---|
| りゃ | みゃ | ぴゃ | びゃ | ひゃ | にゃ | ちゃ | じゃ | しゃ | ぎゃ | きゃ | **A** |
| りゅ | みゅ | ぴゅ | びゅ | ひゅ | にゅ | ちゅ | じゅ | しゅ | ぎゅ | きゅ | **U** |
| りょ | みょ | ぴょ | びょ | ひょ | にょ | ちょ | じょ | しょ | ぎょ | きょ | **O** |

[ 1 ]

**Lesson 2 — Writing System**

## 1) A Complete *Hiragana* Chart

| わ | ら | や | ま | は | な | た | さ | か | あ |
|---|---|---|---|---|---|---|---|---|---|
| わ わ | ら ら | や や や | ま ま | は は は | な な な な | た た た た | さ さ さ | か か か | あ あ あ |
| | り | | み | ひ | に | ち | し | き | い |
| | り り | | み み | ひ | に に に | ち ち | し | き き き き | い い |
| を | る | ゆ | む | ふ | ぬ | つ | す | く | う |
| を を を | る | ゆ ゆ | む む む | ふ ふ ふ | ぬ ぬ | つ | す す | く | う う |
| | れ | | め | へ | ね | て | せ | け | え |
| | れ れ | | め め | へ | ね ね | て | せ せ せ | け け け | え え え |
| ん | ろ | よ | も | ほ | の | と | そ | こ | お |
| ん | ろ | よ よ | も も も | ほ ほ ほ ほ | の | と と | そ そ | こ こ | お お お |

| | | | | | |
|---|---|---|---|---|---|
| みゃ | ひゃ | にゃ | ちゃ | しゃ | きゃ |
| みゅ | ひゅ | にゅ | ちゅ | しゅ | きゅ |
| みょ | ひょ | にょ | ちょ | しょ | きょ |
| ぴゃ | びゃ | ぢゃ | じゃ | ぎゃ | りゃ |
| ぴゅ | びゅ | ぢゅ | じゅ | ぎゅ | りゅ |
| ぴょ | びょ | ぢょ | じょ | ぎょ | りょ |

| | | | | |
|---|---|---|---|---|
| ぱ | ば | だ | ざ | が |
| ぴ | び | ぢ | じ | ぎ |
| ぷ | ぶ | づ | ず | ぐ |
| ぺ | べ | で | ぜ | げ |
| ぽ | ぼ | ど | ぞ | ご |

## 2) How to Describe Long Vowels in *Hiragana*

In Japanese, some vowels are "stretched out" when you say them. These are called long vowels. These long vowels are described in *hiragana* as follows.

The top row of the chart is called あだん、 and all the *hiragana* in this row will be followed by あ.

Ex.: ああ、かあ、さあ、たあ、なあ、はあ、まあ、やあ、らあ、わあ。

The second row is called いだん、and all the *hiragana* in this row will be followed by い.

Ex.: いい、きい、しい、ちい、にい、ひい、みい、りい。

The third row is called うだん、and *hiragana* in this row will be followed by う.

Ex.: うう、くう、すう、つう、ぬう、ふう、むう、ゆう、るう。

The fourth row is called えだん、and *hiragana* in this row will be followed by い. There are a few exceptions where it is followed by え.

Ex.: えい、けい、せい、てい、ねい、へい、めい、れい。

*exceptions;* ええ (Yes), おねえさん (big sister)

3

The bottom row is called おだん、and *hiragana* in this row will be followed by う. There are a few exceptions where it is followed by お.

*Ex.:* おう、こう、そう、とう、のう、ほう、もう、よう、ろう。

*exceptions;* おおきい (big), とおい (far), こおり (ice).

You'll also have to learn how to pronounce Japanese words with double consonants. In these words, you write a small つ before the written *kana.*

*Ex.:* きっぷ (ticket)

せっけん (soap)

## 3) *Hiragana*

Here are some very common words which will be used in this textbook. They are very practical. You can use them in your day-to-day contact with the Japanese community. Learn the words first.

あ い う え お

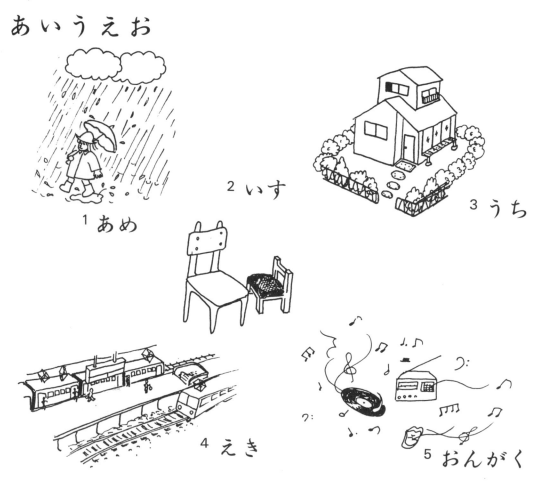

1 あめ

2 いす

3 うち

4 えき

5 おんがく

# かきくけこ

1 かさ

2 きっぷ

3 くるま

4 けんか

5 こうえん

# さしすせそ

1 さかな

2 しんぶん

3 すいか

4 せっけん

5 そば

# たちつてと

1 たまご

2 ちず

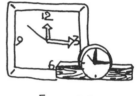

4 てがみ

3 つくえ

5 とけい

## なにぬねの

2 にく

1 なし

3 いぬ

4 ねこ

5 のみもの

# はひふへほ

¹ はさみ

² ひこうき

³ ふね

⁴ へや

⁵ ほん

# まみむめも

³ むしめがね

¹ まど

² みず

むし

⁴ めがね

⁵ もも

やゆよ

1 やま

2 ゆき

3 よる

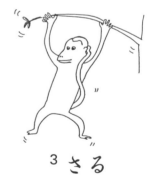

ゆきだるま

らりるれろ

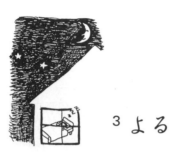

1 らくがき

2 りんご

3 さる

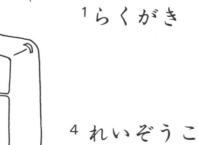

4 れいぞうこ

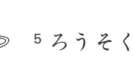

5 ろうそく

わ を ん

¹ わしょく

² しんぶんを よみます。

## PRACTICE

Choose a partner, and practice these expressions using the words given on the pages 4, 5, 6, 7, 8 and 9.

| なんですか。 | What is it ? |
| _____ (word) です。 | It is _____ (word). |
| _____ (word) ですか。 | Is it _____ (word) ? |
| はい、そうです。 | Yes, it is. |
| いいえ、そうじゃないです。 | No, it's not. |

The small circle after the statement is a period. You don't use a question mark even for a question.

*Hiragana* (pages 4–9)

あ い う え お

1. あめ        rain
2. いす        chair
3. うち        house, home
4. えき        station
5. おんがく    music

か き く け こ

1. かさ        umbrella
2. きっぷ       ticket
3. くるま       car
4. けんか       fight
5. こうえん     park

9

## さ し す せ そ

1. さかな     fish
2. しんぶん     newspaper
3. すいか     watermelon
4. せっけん     soap
5. そば     buckwheat noodle

## た ち つ て と

1. たまご     egg
2. ちず     map
3. つくえ     desk
4. てがみ     letter
5. とけい     watch, clock

## な に ぬ ね の

1. なし     pear
2. にく     meat
3. い<u>ぬ</u>     dog
4. ねこ     cat
5. のみもの     drinks

## は ひ ふ へ ほ

1. はさみ     scissors
2. ひこうき     airplane
3. ふね     ship, boat
4. へや     room
5. ほん     book

# ま み む め も

1. まど       window
2. みず       water
3. むしめがね       magnifying glass
4. めがね       glasses
5. もも       peach

# や ゆ よ

1. やま       mountain
2. ゆき       snow
3. よる       night

# ら り る れ ろ

1. らくがき       graffiti
2. りんご       apple
3. さる       monkey
4. れいぞうこ       refrigerator
5. ろうそく       candle

# わ を ん

1. わしょく       Japanese food
2. しんぶんを よみます。

      I'm going to read a newspaper.

## 4) A Complete *Katakana* Chart

| ワ | ラ | ヤ | マ | ハ | ナ | タ | サ | カ | ア |
|---|---|---|---|---|---|---|---|---|---|
| | リ | | ミ | ヒ | ニ | チ | シ | キ | イ |
| ヲ | ル | ユ | ム | フ | ヌ | ツ | ス | ク | ウ |
| | レ | | メ | ヘ | ネ | テ | セ | ケ | エ |
| ン | ロ | ヨ | モ | ホ | ノ | ト | ソ | コ | オ |

| | | | | | | | | | | |
|---|---|---|---|---|---|---|---|---|---|---|
| ミャ | ヒャ | ニャ | チャ | シャ | キャ | パ | バ | ダ | ザ | ガ |
| ミュ | ヒュ | ニュ | チュ | シュ | キュ | ピ | ビ | ヂ | ジ | ギ |
| ミョ | ヒョ | ニョ | チョ | ショ | キョ | プ | ブ | ヅ | ズ | グ |
| ピャ | ビャ | ヂャ | ジャ | ギャ | リャ | ペ | ベ | デ | ゼ | ゲ |
| ピュ | ビュ | ヂュ | ジュ | ギュ | リュ | ポ | ボ | ド | ゾ | ゴ |
| ピョ | ビョ | ヂョ | ジョ | ギョ | リョ | | | | | |

## 5) The Usage of *Katakana*

*Katakana* is used to describe the words that came to Japanese from other languages, including the name of countries and people. It is also used to describe the sounds around us, like the purring of a cat or the roar of a motor. In this book, however, *katakana* is used only for foreign words.

In describing long vowel sounds in *katakana*, a dash is used after the *kana*.

*Ex.:*

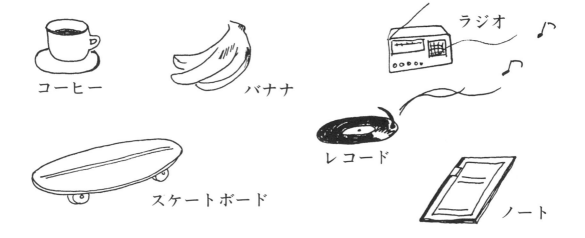

コーヒー

バナナ

ラジオ

レコード

スケートボード

ノート

If you write the words vertically, this dash becomes a vertical line.

*Ex.:*

レコード
コーヒ
ノート
スケートボード

> コーヒー        coffee
> ラジオ         radio
> ノート          notebook
> レコード        a record, a disk
> スケートボード    skateboard
> バナナ         banana

# Counting One to Ten

| | | | | |
|---|---|---|---|---|
| 1 | ひとつ | | 6 | むっつ |
| 2 | ふたつ | | 7 | ななつ |
| 3 | みっつ | | 8 | やっつ |
| 4 | よっつ | | 9 | ここのつ |
| 5 | いつつ | | 10 | とお |

This way of counting is very useful in ordering food at a restaurant or in buying something at a shop.   There is, however, a different way in counting which you will learn later.

みず ひとつ
One water (please).

| | |
|---|---|
| おはようございます。 | "Good morning." |
| こんにちは。 | "Hi!" |
| さようなら。 | "Good-bye." |
| おやすみなさい。 | "Good night." |

● *One step further*

| | |
|---|---|
| いただきます。 | (Greeting before the meal) |
| ごちそうさま。 | (Greeting after the meal) |
| どうも ありがとう。 | "Thank you." |
| すみません。 | "Excuse me." |

[ 17 ]

When you want to say your name and your nationality, use this pattern.

ぼくは
わたしは　name です。

If you want to say where you are from, add じん which means person after the name of your country.

ぼくは name of your country＋じん です。

| | |
|---|---|
| ぼく | I (for boys' use only) |
| わたし | I (for girls' use, and for adult men's use in formal conversations) |
| は | (A particle to show the topic or the subject. The sound of this particle isn't "は," but "わ.") |
| です | am, is, are |
| よろしく | Nice to meet you. (If you want to say more politely say よろしくおねがいします.) |
| じん | (A suffix which means person) |
| おなまえ | your name |
| なまえ | name |

If you want to ask someone's name, say "おなまえは" which is an abbreviated form of the expression "おなまえは なんですか."

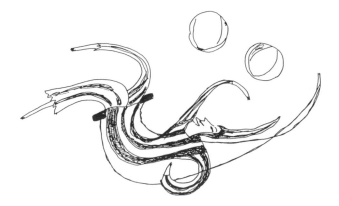

# Introducing Your Family

おかあさん

おとうさん

おねえさん

わたし　ぼく

おにいさん

いもうと

おとうと

| おじいさん | grandfather |
| おばあさん | grandmother |
| おとうさん | father |
| おかあさん | mother |
| おにいさん | elder brother |
| おねえさん | elder sister |
| おとうと | younger brother |
| いもうと | younger sister |

# Introducing Your Friend

Kent くん          Donna さん

さん          ( If you want to say someone's name politely, put the suffix さん to either the first name or the last name. Never use it with your own name.)

くん          ( Sometimes you can use the suffix くん instead of さん with the name of boys who are of the same age as you or younger than you.)

★ *EXERCISE* ★

1. Introducing yourself to your classmates.

2. **Chain Drill**

   *Student 1*
   おなまえは。

   *Student 2*
   たろうです。よろしく。おなまえは。

   *Student 3*
   Kent です。よろしく。おなまえは。

   *Student 4*
   Maria です。よろしく。おなまえは。

3. **Role Play ( 1 )**

| *Student A* | *Student B* |
|---|---|
| ( 1 ) Greet B | ( 2 ) Greet A |
| ( 3 ) Ask B B's name. | ( 4 ) Tell your name and say that it's nice to meet A. |
| ( 5 ) Tell your name and say that it's nice to meet B. | |

4. **Role Play ( 2 )**

| *Student A* | *Student B* |
|---|---|
| ( 1 ) Greet B.  Tell your name and nationality.  Say that it's nice to meet B. | |
| | ( 2 ) Say that it's nice to meet A. Greet C. Tell your name and nationality.  Say that it's nice to meet C. |

21

5. **Role Play ( 3 )**

Student A is with Student B.   Student A and B meet Student C. Student B and Student C meet for the first time.

| Student A | Student B | Student C |
|---|---|---|
| ( 1 ) Greet C. Introduce B to C by saying B's name. | ( 2 ) Tell C your name and say that it's nice to meet C. | |
| | | ( 3 ) Tell B your name. Say that it's nice to meet B. |

6. **Role Play ( 4 )**

Role play using your family terms.

# Lesson 6 — In Your Classroom
## Classroom Expressions

| | |
|---|---|
| はじめましょう。 | Let's begin. |
| みて ください。 | Please look. |
| きいて ください。 | Please listen. |
| いっしょに いって ください。 | Please say it together. |
| しゅくだいを だして ください。 | Please hand in your homework. |
| しずかに して ください。 | Please be quiet. |

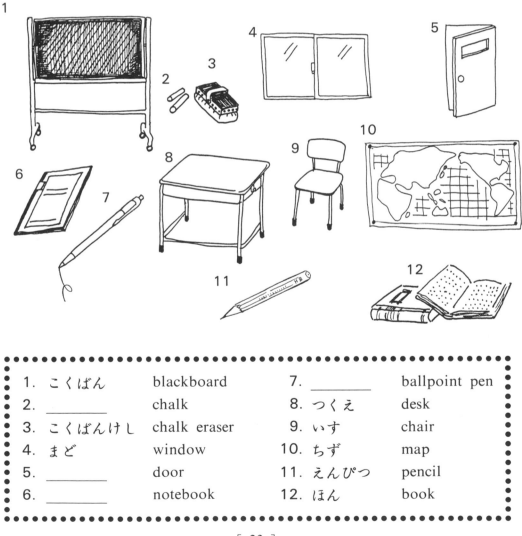

| | | | | | |
|---|---|---|---|---|---|
| 1. | こくばん | blackboard | 7. | _____ | ballpoint pen |
| 2. | _____ | chalk | 8. | つくえ | desk |
| 3. | こくばんけし | chalk eraser | 9. | いす | chair |
| 4. | まど | window | 10. | ちず | map |
| 5. | _____ | door | 11. | えんぴつ | pencil |
| 6. | _____ | notebook | 12. | ほん | book |

[ 23 ]

**Lesson 7 — Do You Like It?**
すきですか。

Choose a partner and ask each other about the foods listed below.
Use the following expressions.

すきですか。      Do you like it ?

   はい、すきです。      Yes, I like it.

   はい、だいすきです。      Yes, I like it very much.

   いいえ、きらいです。      No, I don't like it.

   いいえ、あんまり。      No, not much.

| 1. たまご | egg | 6. さかな | fish |
|---|---|---|---|
| 2. みかん | orange | 7. そば | buckwheat noodle |
| 3. すし | sushi | 8. _____ | beef steak |
| 4. なし | pear | 9. にんじん | carrot |
| 5. すいか | watermelon | | |

# Can You Do It ?
## できますか。

| | |
|---|---|
| できますか。 | Can you do it ? |
| はい、できます。 | Yes, I can. |
| いいえ、できません。 | No, I can't. |
| すこし、できます。 | I can do it a little. |
| ぜんぜん、できません。 | I can't do it at all. |

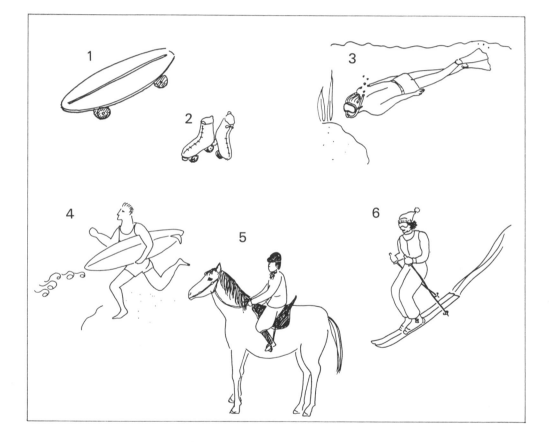

| | | | | |
|---|---|---|---|---|
| 1. _____ | skateboarding | 4. _____ | surfing |
| 2. _____ | rollerskating | 5. じょうば | horseback riding |
| 3. _____ | diving | 6. _____ | skiing |

*Lesson 8*

**Role Play**

| Student A | Student B |
|---|---|
| 1. Ask B what this is. | |
| | 2. Tell A what this is. |
| 3. Ask B if B can do this. | |
| | 4. Tell A that you can do it. |
| 1. Ask B if B can do this. | |
| | 2. Tell A that you can't do it at all. Ask A if A can do it. |
| 3. Tell B that you can do it. | |
| 1. Ask B what this is. | |
| | 2. Tell A what it is. |
| 3. Ask B if B likes it. | |
| | 3. Tell A that you like it very much. |
| 1. Ask B if B likes this. | |
| | 2. Tell A that you don't like it very much. Ask A if A likes it. |
| 3. Tell B that you like it. | |

26

# Lesson 9 Numbers

## 1) Counting

10,000
まん　せん　ひゃく　じゅう　いち
ん　ん　く　う　ち

| | | | | | | |
|---|---|---|---|---|---|---|
| 0 | れい | 16 | じゅう ろく | 29 | にじゅう く | |
| 1 | いち | 17 | じゅう しち | | にじゅう きゅう | |
| 2 | に | | じゅう なな | 30 | さんじゅう | |
| 3 | さん | 18 | じゅう はち | | | |
| 4 | し・よん | 19 | じゅう く | 40 | よんじゅう | |
| 5 | ご | | じゅう きゅう | 50 | ごじゅう | |
| 6 | ろく | 20 | にじゅう | 60 | ろくじゅう | |
| 7 | しち・なな | 21 | にじゅう いち | 70 | しちじゅう | |
| 8 | はち | 22 | にじゅう に | | ななじゅう | |
| 9 | く・きゅう | 23 | にじゅう さん | 80 | はちじゅう | |
| 10 | じゅう | 24 | にじゅう し | 90 | きゅうじゅう | |
| 11 | じゅう いち | | にじゅう よん | 100 | ひゃく | |
| 12 | じゅう に | 25 | にじゅう ご | | | |
| 13 | じゅう さん | 26 | にじゅう ろく | 1,000 | せん | |
| 14 | じゅう し | 27 | にじゅう しち | 10,000 | いちまん | |
| | じゅう よん | | にじゅう なな | | | |
| 15 | じゅう ご | 28 | にじゅう はち | | | |

## 2) **Telling Time**

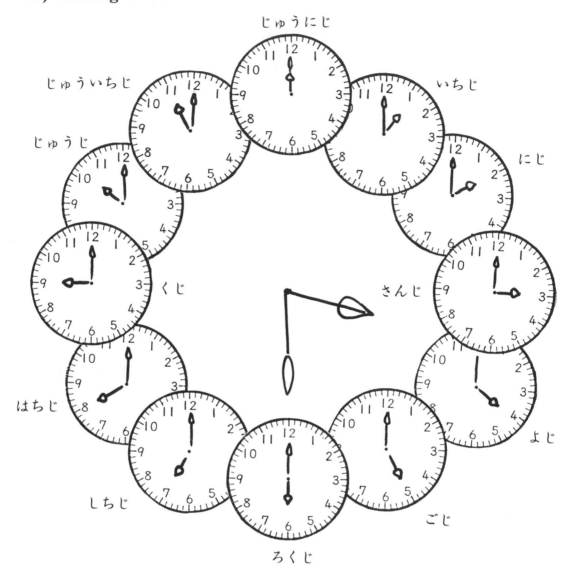

じゅうにじ

じゅういちじ

いちじ

じゅうじ

にじ

くじ

さんじ

はちじ

よじ

しちじ

ごじ

ろくじ

## いま、なんじですか。
What time is it now?

いま **2** じ
いま **5** じ
いま **6** じ

じゅうにじ さんじゅっぷん
（じゅうにじ はん）

## 3) Asking Price

1. いちまんえん
2. ごせんえん
3. せんえん

4. ごひゃくえん
5. ひゃくえん

6. ごじゅうえん
7. じゅうえん

8. ごえん
9. いちえん

いくらですか。
How much is it?

1. 1,500えん
2. 110えん
3. 15,000えん
4. 15,500えん
5. 111えん
6. 150えん

## 4) Asking Age and Grade

なんさいですか。
How  old  are  you ?

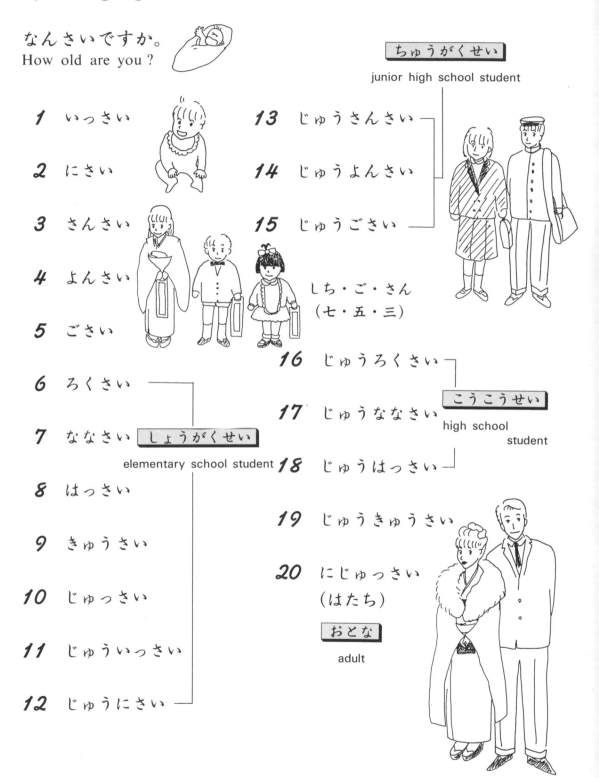

*ちゅうがくせい*
junior  high  school  student

*1* いっさい

*2* にさい

*3* さんさい

*4* よんさい

*5* ごさい

*6* ろくさい

*7* ななさい  *しょうがくせい*
elementary school student

*8* はっさい

*9* きゅうさい

*10* じゅっさい

*11* じゅういっさい

*12* じゅうにさい

*13* じゅうさんさい

*14* じゅうよんさい

*15* じゅうごさい

しち・ご・さん
（七・五・三）

*16* じゅうろくさい

*17* じゅうななさい  *こうこうせい*
high school
student

*18* じゅうはっさい

*19* じゅうきゅうさい

*20* にじゅっさい
（はたち）

*おとな*
adult

## 5) What Grade Are You In ?

なんねんせいですか。

| Grade | | Japanese School | |
|-------|---|-----------------|---|
| 1 | 1 | しょうがく いちねんせい | |
| 2 | 2 | しょうがく にねんせい | |
| 3 | 3 | しょうがく さんねんせい | しょうがっこう |
| 4 | 4 | しょうがく よねんせい | Elementary School |
| 5 | 5 | しょうがく ごねんせい | |
| 6 | 6 | しょうがく ろくねんせい | |
| 7 | 1 | ちゅうがく いちねんせい | |
| 8 | 2 | ちゅうがく にねんせい | ちゅうがく |
| 9 | 3 | ちゅうがく さんねんせい | Junior High School |
| 10 | 1 | こうこう いちねんせい | |
| 11 | 2 | こうこう にねんせい | こうこう |
| 12 | 3 | こうこう さんねんせい | High School |
| Freshman | 1 | だいがく いちねんせい | |
| Sophomore | 2 | だいがく にねんせい | だいがく |
| Junior | 3 | だいがく さんねんせい | College |
| Senior | 4 | だいがく よねんせい | |

## ● Cultural Note

Japanese children start elementary school at the age of six and complete their compulsory education at the age of fifteen. At the ages of three, five, and seven, they have special celebrations called "shichi go san" on November 15th. They go to nearby shrines and are blessed by the priests. The parents buy them a long piece of candy that symbolizes long life. When they're twenty years old, they're legally recognized as adults. Adult Day is January 15th, and is one of the national holidays of Japan.

**Role Play ( 1 )**

| *Student A* | *Student B* |
| --- | --- |
| 1.  Ask B B's name. | |
| | 2.  Tell A your name. |
| 3.  Ask B what grade B is in. | |
| | 4.  Tell A you are in the 7th grade. |
| 5.  Ask B how old B is. | |
| | 6.  Tell A how old you are. |

**Role Play ( 2 )**

| *Student A* | *Student B* |
| --- | --- |
| 1.  Ask B if he is an elementary school student. | |
| | 2.  Tell A that you aren't an elementary school student.<br>    Tell A that you are a junior high school student. |
| 3.  Ask B what grade B is in. | |
| | 4.  Tell A that you are in the 8th grade. |

# Asking for Things

●●● **New Words** ●●●●●●●●●●●●●●●●●●●●●●●●●●●●●●●

| | |
|---|---|
| ぶどう | grapes |
| を | (a particle, see Explanation 1) |
| ください | give (something) to me |

[ 33 ]

| | |
|---|---|
| みかん | (a kind of Japanese citrus fruits) |
| これ | this one |
| それ | that one |
| あれ | that one over there |
| どれ | which one |
| と | (a particle, see Explanation 3) |
| も | (a particle, see Explanation 4) |
| か | (a particle, see Explanation 5) |
| あなた | you |
| みせ | shop |
| ひと | person |
| みせのひと | shopkeeper ; salesclerk |
| それから | and then |
| ありがとう ございました。 | "Thank you very much." |
| けしゴム | eraser |
| ペン | pen |
| ノート | notebook |

---

**Basic Expressions**

| | |
|---|---|
| 1. これを ください。 | Please give me this one. |
| 2. りんごと なしを ください。 | Please give me an apple and a pear. |
| 3. ぶどうも ください。 | Please give me some grapes too. |

---

**Explanation**

**1.** Something をください

When you want to ask for something, you will say something を
ください。
This particle を is often left out in conversation.

 *Ex.:*  りんごをください。 ⟶ りんご、ください。

   Please give me an apple.

## PRACTICE A

Ask for the following things using を ください.

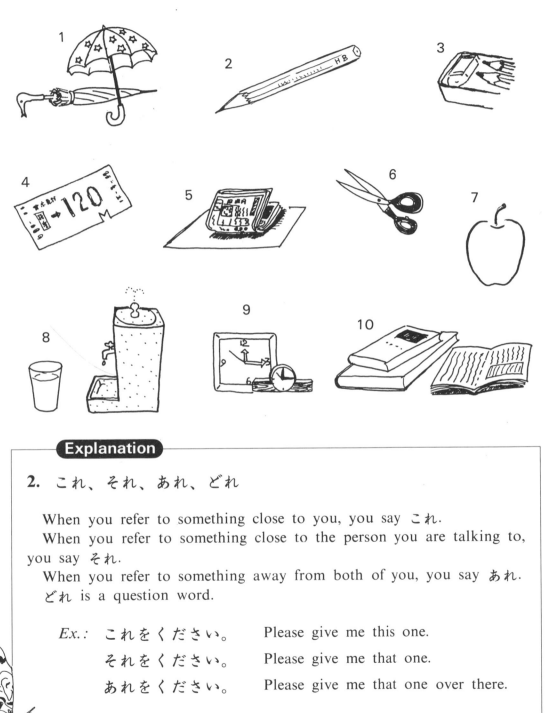

**Explanation**

**2.** これ、それ、あれ、どれ

When you refer to something close to you, you say これ.
When you refer to something close to the person you are talking to, you say それ.
When you refer to something away from both of you, you say あれ.
どれ is a question word.

*Ex.:* これをください。　Please give me this one.

それをください。　Please give me that one.

あれをください。　Please give me that one over there.

どれですか。　Which one ?

● *One step further*

When you want to ask someone which one of the two you like, you say どっち です か.

どっちですか。　　Which one of the two ?

## PRACTICE　B

Substitution Drill

*Ex.:*　これを　ください。

1.　これ　　　　　⇒これを　ください。

2.　それ　　　　　⇒それを　ください。

3.　あれ　　　　　⇒あれを　ください。

4.　どれ　　　　　⇒どれですか。

5.　あれ　　　　　⇒あれですか。

6.　これ　　　　　⇒これですか。

7.　それ　　　　　⇒それですか。

### Explanation

**3. The particle と**

The particle と means "and".  It is used between two or more nouns.

*Ex.:*　りんごと　すいか　　　　apples and watermelon

あなたと　わたし　　　　you and I

ほんと　ノートと　ペン　　a book, a notebook, and a pen

## PRACTICE　C

Substitution Drill

*Ex.:*　みかんと　りんごを　ください。

1.　りんごと　みかん　　　　　⇒りんごと　みかんを　ください。

2.　ノートと　えんぴつ　　　　⇒ノートと　えんぴつを　ください。

3. かさと しんぶん      ⇨ かさと しんぶんを ください。

4. きっぷと ほん      ⇨ きっぷと ほんを ください。

5. とけいと はさみ      ⇨ とけいと はさみを ください。

## PRACTICE D

Expansion Drill

1. ももを ください。
2. ももと りんごを ください。
3. ももと りんごと すいかを ください。
4. ももと りんごと すいかと ぶどうを ください。
5. ももと りんごと すいかと ぶどうと なしを ください。

### Explanation

**4. The particle も**

The particle も means "also," "too."

*Ex.:* りんごも ください。      Please give me an apple, too.

## PRACTICE E

*Ex.:* りんごを ください。 ⎫
なしを ください。 ⎬
⇨ りんごを ください。なしも ください。

1. ノートを ください。 ⎫
ペンを ください。 ⎬

2. すしを ください。 ⎫
みずを ください。 ⎬

3. ぶどうを ください。 ⎫
なしを ください。 ⎬

4. しんぶんを ください。
   ほんを ください。

---

**Explanation**

### 5. The particle か

To change a statement to a question, put か at the end of the sentence.

*Ex.:*   すきです。        I like it.

  すきですか。      Do you like it ?

---

## PRACTICE  F

Change the following statements to a question.

*Ex.:*  たろうは ちゅうがくせいです。

  ⇒たろうは ちゅうがくせいですか。

1. これは みかんです。

2. じょうばが できます。

3. わしょくが すきです。

4. そばも すきです。

5. あれ です。

6. たろうは にほんじんです。

Let's learn the following dialogue.

| | |
|---|---|
| おかあさん | それ（を）ください。 |
| みせのひと | どれですか。 |
| おかあさん | それです。 |
| みせのひと | これですか。 |
| おかあさん | はい。それから あれも ください。 |
| みせのひと | りんごですか。ありがとうございました。 |
| おかあさん | いくらですか。 |
| みせのひと | よんひゃくえんです。 |

*Lesson 10*

1. Find the words for the following things in the chart.   Then circle the
   words.

*Ex.*

| ＊ | の | み | も | の | ＊ |
|---|---|---|---|---|---|
| す | い | か | も | ＊ | ＊ |
| ＊ | り | ん | ご | ゆ | ＊ |
| ＊ | ひ | こ | う | き | ＊ |
| え | き | く | る | ま | ど |
| ＊ | つ | じ | ＊ | ど | ＊ |
| ＊ | て | ん | ぷ | ら | ＊ |

2. Complete the Japanese words in the squares across, in ひらがな.

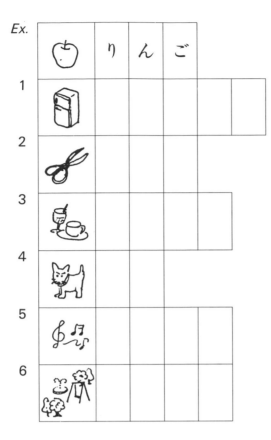

3. *Katakana* writing exercise

| ノ | ト | コ | ゴ | ム | ヘ | ペ | ン |
|---|---|---|---|---|---|---|---|
| ノ | ト | コ | ゴ | ム | ヘ | ペ | ン |
|   | ト | コ | ゴ | ム |   | ペ | ン |
|   |   |   | ゴ |   |   |   |   |
|   |   |   | ゴ |   |   |   |   |

| ノート | | | ゴム | | ペン | |
|---|---|---|---|---|---|---|
| ノ | ー | ト | ゴ | ム | ペ | ン |
| | | | | | | |
| | | | | | | |

(1) Ask for the following things using <u>をください</u>。
Write the word in *hiragana* in the boxes.

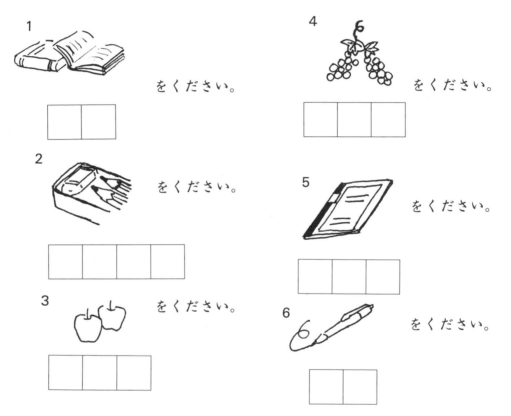

1

をください。

|   |   |
|---|---|

2

をください。

|   |   |   |   |
|---|---|---|---|

3

をください。

|   |   |   |
|---|---|---|

4

をください。

|   |   |   |
|---|---|---|

5

をください。

|   |   |   |
|---|---|---|

6

をください。

|   |   |
|---|---|

(2) Ask for more things using the pictures on page 35.

42

● ● ● **New Words** ● ● ● ● ● ● ● ● ● ● ● ● ● ● ● ● ● ● ● ● ● ● ● ●

| | |
|---|---|
| えいご | English |
| にほんご | Japanese language (ご after the name of a country means language spoken in that country.) |
| ほしい | want |
| いけばな | flower arranging |
| ぼんさい | dwarf tree planted in a pot |
| そろばん | abacus |
| きって | stamp |
| せんせい | teacher |

[ 43 ]

| | |
|---|---|
| すいえい | swimming |
| けんどう | Japanese fencing |
| すもう | Japanese wrestling |
| ええ | はい ; yes |
| もちろん | of course |
| でも | but |
| が | (a particle, see Explanation 1 ) |
| ローラースケート | roller skate |
| スケートボード | skateboard |
| ケント | Kent |
| スキー | ski |

## Basic Expressions

1. おとうとは えいごが できます。 　　My younger brother can speak English.

2. いもうとは ねこが すきです。 　　My younger sister likes cats.

3. あなたは にほんごが できますか。 　Can you speak Japanese ?
　　いいえ、できません。 　　　　　No, I can't.

4. あなたは さかなが すきですか。 　Do you like fish ?
　　いいえ、すきじゃないです。 　　　No, I don't.

5. ぼくは いぬが ほしいです。 　　I want a dog.

## Explanation

**1.** When you want to say that someone likes something or can do something, set up your sentence this way :

| someone | は | something | が | すきです。<br>できます。 |

This particle は shows the subject or the topic of the sentence.
This particle が is used before すきです and できます to show what you like or can do.

## PRACTICE

The following pictures show things people like or like to do. Following the pattern in the example below, make a complete sentence describing each picture.

*Ex.:*

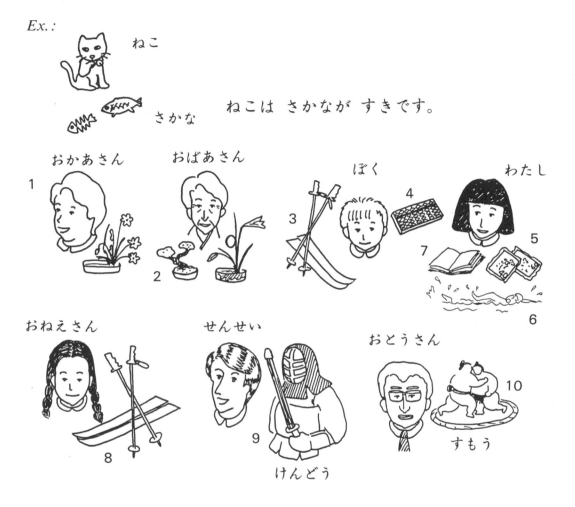

ねこ

さかな

ねこは さかなが すきです。

おかあさん

おばあさん

ぼく

わたし

1

2

3

4

5

6

7

おねえさん

せんせい

おとうさん

8

9

けんどう

すもう

10

---

**Explanation**

**2.** できます is a verb which means "can do," OR "is able to."

できます can mean different things. In a sentence about language, it means "can speak." In a sentence about tennis, it means "can play." In English you must use the specific verbs — "to speak," "to play," etc.

When you want to say that you can't do something, you say できません.

## PRACTICE A

Substitution Drill

*Ex.:* ぼくは スキーができます。

1. そろばん        ⇒ぼくは そろばんができます。
2. すいえい        ⇒ぼくは すいえいができます。
3. スキー        ⇒ぼくは スキーができます。
4. にほんご        ⇒ぼくは にほんごができます。
5. えいご        ⇒ぼくは えいごができます。

## PRACTICE B

Answer the following questions with いいえ.

*Ex.:* あなたは スキーができますか。 いいえ、できません。

1. あなたは スケートボードができますか。
2. あなたは ローラースケートができますか。
3. あなたは そろばんができますか。
4. あなたは すいえいができますか。
5. あなたは じょうばができますか。
6. あなたは スキーができますか。

---

**·Explanation**

**3.** です means "is," "am," "are." When you want to say "isn't," "am not," "aren't," you say じゃないです. You may also hear じゃありません for じゃないです.

---

## PRACTICE

With a partner, take turns in asking and answering the following. Pretend that you don't like these things.

*Ex.:* あなたは がすきですか。いいえ、すきじゃないです。

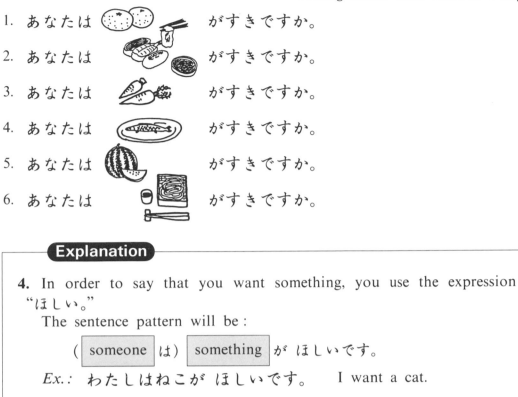

1. あなたは　　　　　　　がすきですか。

2. あなたは　　　　　　　がすきですか。

3. あなたは　　　　　　　がすきですか。

4. あなたは　　　　　　　がすきですか。

5. あなたは　　　　　　　がすきですか。

6. あなたは　　　　　　　がすきですか。

**Explanation**

**4.** In order to say that you want something, you use the expression "ほしい。"

The sentence pattern will be :

( someone は) something が ほしいです。

*Ex.:* わたしはねこが ほしいです。　I want a cat.

## PRACTICE

Look at the pictures on p.24 and say that you want these things.

*Ex.:* ぼくは たまごが ほしいです。　I want an egg.

Let's learn the following dialogue.

| たろう | スケートボード すきですか。 |
|---|---|
| ケント | ええ、だいすきです。 たろうくんは すきですか。 |
| たろう | ぼくは あんまり すきじゃないです。 |
| | ケントくんは ローラースケート できますか。 |
| ケント | もちろん。 |

たろうは ローラースケートが すきです。
ケントは スケートボードが すきです。
ケントは スケートボードが できます。
でも、たろうは できません。

★ *EXERCISE* ★

1. Choose the proper particle in the blanks, and put a circle around it.

   (1) ぼく （ は、が ） りんご （ を、が ） すきです。

   (2) これ （ は、を ） なんです （ が、か ）。

   (3) なし （ を、は ） ください。

   (4) おかあさん （ は、を ） スキー （ が、を ） できます。

   (5) これ （は、を ） すいかです。

   (6) わたし （ は、が ） きって （ が、を ） ほしいです。

2. Find the expressions from B—group, and apply them to the A—group expressions.  Find as many expressions possible and write their numbers.

| A—group | B—group |
|---|---|
| a. これは | 1. そばです。 |
| b. これを | 2. ください。 |
| c. ケントは | 3. スキーが できます。 |
| d. わたしは | 4. にほんじんです。 |
| e. にほんごと | 5. なんですか。 |
| f. たまごと | 6. えいごが できます。 |
| g. ぼくは スケートボードが | 7. ほしいです。 |
| | 8. すしが すきです。 |
| | 9. にくが すきです。 |

## Lesson 12 — Talking About Actions

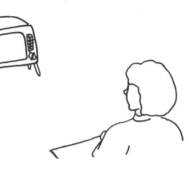

1. かきます
2. たべます
3. のみます
4. みます

5. よみます
6. ききます
7. かいます

**•• New Words •••••••••••••••••••••••••••••••••••••••••••••**

| | | | |
|---|---|---|---|
| かきます | write | アン | Ann |
| たべます | eat | テレビ | TV |
| のみます | drink | テープ | tape ; cassettes |
| みます | see ; watch | ケーキ | cake |
| よみます | read | プレゼント | present |
| かいます | buy | どうぞ | "Please. (for offering)" |
| ききます | listen | どうも | "Thank you." |
| なに | what | けっこうです | "No, thank you." |
| します | do | じゃあ | then |
| コーヒー | coffee | レコード | record |
| パン | bread | ね | (a particle, |
| ドナ | Donna | | see Explanation 4) |

**—— Basic Expressions ——**

1. なにを しますか。　　　　What are you going to do ?

2. ぼくは りんごを たべます。　I eat apples.　OR, I'm going to eat an apple.

3. あなたも たべますね。　　　You'll eat it too, won't you ?

4. いいえ、たべません。　　　No, I don't.

**Explanation**

**1.** The verbs on the previous page take objects.
The objects and verbs are connected by a particle.
The particle in this case is always を.
*Ex.:*

りんご<u>を</u> たべます。　 I/You/She is going to eat an apple.

The ます form of verbs indicates either "am going to" or something a person does as a habit.

**2.** To say that you <u>don't</u> do something, you change the suffix ます to ません.

51

> *Ex.:*
> りんごを たべ<u>ます</u>。　　I'm going to eat an apple.
> りんごを たべ<u>ません</u>。　I'm <u>not</u> going to eat an apple.

## PRACTICE A

Transformation Drill

*Ex.:* かきます　　⇨ かきません
1. たべます　　⇨
2. のみます　　⇨
3. みます　　　⇨
4. よみます　　⇨
5. ききます　　⇨
6. かいます　　⇨

## PRACTICE B

Answer the following questions either with はい or いいえ.

| 1st speaker | If you answer... | Then... |
|---|---|---|
| *Ex.:* みずを のみますか。 | はい | はい、のみます。 |
| | いいえ | いいえ、のみません。 |
| 1. てがみを かきますか。 | はい | |
| 2. パンを たべますか。 | いいえ | |
| 3. テレビを みますか。 | いいえ | |
| 4. ほんを よみますか。 | はい | |
| 5. テープを ききますか。 | いいえ | |
| 6. たまごを かいますか。 | いいえ | |
| 7. パンを かいますか。 | はい | |
| 8. たまごを たべますか。 | はい | |
| 9. ほんを よみますか。 | いいえ | |
| 10. てがみを かきますか。 | いいえ | |
| 11. テレビを みますか。 | はい | |

12. みずを のみますか。　　　　いいえ

> **Explanation**
>
> **3.** If you want to use a complete sentence to say that someone does something, set up your sentence this way ;
>
> someone は something を verb
>
> *Ex.:* ぼくは りんごを たべます。
>
> わたしは しゅくだいを します。

## PRACTICE

Look at the pictures and the verbs in the boxes below.

With a partner, take turns in asking and answering, following the pattern in the example.

*Question*　　　　　　　　　　　　　　*Answer*

*Ex.:* たろうは なにを たべますか。　　たろうは りんごを たべます。

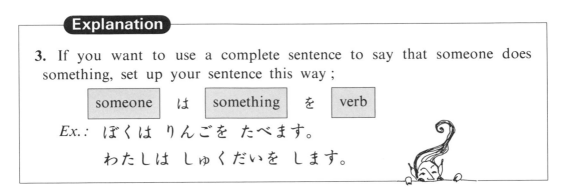

| たろう | おねえさん | ケント | ドナ |
| --- | --- | --- | --- |
| *Ex.* りんご | 1　コーヒー | 2　ケーキ | 3　ほん |
| おかあさん | アン | せんせい | おとうさん |
| 4　てがみ | 5　テレビ | 6　テープ | 7　プレゼント |

のみます　かいます　かきます　たべます　ききます　みます　よみます

**Explanation**

**4. The particle ね**

 If you want to say, "isn't that so ?" put the particle ね at the end
of the sentence or the phrase.

 *Ex.:* あなたは これが すきですね。   You like this, don't you ?

   これは プレゼントですね。   This is a present, isn't it ?

Let's learn the following dialogue.

| | |
|---|---|
| たろう | こんにちは。 |
| ドナ | こんにちは。 どうぞ。 |
| たろう | どうも。 |
| ドナ | コーヒーを のみますか。 |
| たろう | いいえ、 けっこうです。 |
| ドナ | じゃあ、 レコードを ききますか。 |
| たろう | はい、 ききます。 |
| ドナ | たろうくんは これが すきですね。 |
| たろう | はい、 すきです。 |

ドナは おんがくが すきです。 たろうも おんがくが すきです。

ドナは コーヒーを のみます。 たろうは のみません。

ドナとたろうは レコードを ききます。

1. Put the Japanese word in the blank.

   *Ex.:*  おとうさんは みずを のみます。
                        drink

   (1) ケントは ひらがなを ＿＿＿＿＿＿＿。
                            write

   (2) おかあさんは すしを ＿＿＿＿＿＿＿。
                          eat

   (3) せんせいは おんがくを ＿＿＿＿＿＿＿。
                          listen to

   (4) アンは とけいを ＿＿＿＿＿＿＿。
                      look at

   (5) たろうは えんぴつと けしゴムを ＿＿＿＿＿＿＿。
                                  buy

2. Read the example below. Then fill in the blanks in the sentences with the form of the verb that means "doesn't."

   *Ex.:*  ドナは コーヒーを のみます。たろうは のみません。

   (1) アンは パンを たべます。おにいさんは ＿＿＿＿＿＿＿。

   (2) ぼくは レコードを ききます。おとうさんは ＿＿＿＿＿＿＿。

   (3) ケントは けしゴムを かいます。ドナは ＿＿＿＿＿＿＿。

   (4) たろうは ひらがなを かきます。ケントは ＿＿＿＿＿＿＿。

   (5) わたしは テレビを みます。おかあさんは ＿＿＿＿＿＿＿。

## Lesson 13 — Describing or Defining Things

1. ケントの

2. にほんごの

3. わたしの

4. おかあさんの

5. アメリカの

6. オーストラリアの

7. とうきょうの

8. テニスの

••• **New Words** •••••••••••••••••••••••••

| | |
|---|---|
| じてんしゃ | bicycle |
| つぎ | next, coming |
| がっこう | school |
| ともだち | friend |
| だれ | who |
| まいにち | every day |
| この | this+(noun) |
| その | that+(noun) |
| あの | that+(noun) over there |

| | |
|---|---|
| どの | which ＋ (noun) |
| しゅくだい | homework |
| しょくじ | meal |
| ゲーム | game |
| テニス | tennis |
| ラケット | racket |
| でんわ | telephone |
| ばん | turn |
| ちょっと | a little |
| ちょっと まって。 | "Wait a minute !" |
| いま | now |
| はやく、はやく。 | "Hurry up !" |
| テニスコート | tennis court |
| れんしゅう | practice |
| えいが | movie |
| アメリカ | America |
| オーストラリア | Australia |
| カメラ | camera |
| のどが かわきました。 | "I'm thirsty." |
| ぼくたち | we (male form) |

---

## — Basic Expressions —

| | |
|---|---|
| 1. ケントは たろうの ともだちです。 | Kent is Taro's friend. |
| 2. わたしは にほんごの ほんを よみます。 | I'm going to read a Japanese book (OR a book written in Japanese). |
| 3. わたしは とうきょうの がっこうが すきです。 | I like a school in Tokyo. |
| 4. このノートは だれのですか。 | Whose notebook is this ? |
| 5. まいにち ケントは テニスを します。 | Kent plays tennis every day. |

**Explanation**

1. When you use the particle の between two nouns, the first noun describes the second one.  The first noun and の act as an adjective for the second noun.

*Ex.:*

| | |
|---|---|
| ぼくの ともだち | my friend |
| にほんごの ほん | a Japanese book, OR a book written in Japanese |
| とうきょうの がっこう | a school in Tokyo |

れんしゅう

Question and Answer Drill

| *1st speaker* | | *2nd speaker* |
|---|---|---|
| *Ex.:* これは だれの かさですか。 | ドナ | ドナの かさです。 |
| | ケント | |
| | おかあさん | |
| | マリア | |
| | ぼく | |
| | わたし | |

**Explanation**

2. このノート　　**this notebook**

こ、そ、あ、ど＋の describe or go with the noun which follows them.

この＋noun　⟶　this＋noun

*Ex.:* このりんご　this apple

その＋noun　⟶　that＋noun

*Ex.:* そのりんご　that apple

あの＋noun　⟶　that＋noun over there

*Ex.:* あのりんご　that apple over there

どの＋noun  ⟶  which＋noun ?

*Ex.:*  どのりんご    which apple

Go back to Lesson 10, and read page 35 again. Pay special attention to the difference between これ、それ、あれ、どれ and この、その、あの、どの.

この、その、あの、どの work just like "this" and "that" in phrases like "this boy" or "that girl."  これ、それ、あれ、どれ work like "this" and "that" in phrases like "I want this" or "You can have that."

## れんしゅう A

| | *You say...* | *Shopkeeper asks...* | | *Then you point to...* |
|---|---|---|---|---|
| *Ex.:* | これをください。 | どれですか。 | りんご | このりんごです。<br>（このりんごです。） |
| 1. | これをください。 | どれですか。 | えんぴつ | ＿＿＿＿＿＿＿<br>（このえんぴつです。） |
| 2. | それをください。 | どれですか。 | レコード | ＿＿＿＿＿＿＿<br>（そのレコードです。） |
| 3. | それをください。 | どれですか。 | テープ | ＿＿＿＿＿＿＿<br>（そのテープです。） |
| 4. | あれをください。 | どれですか。 | かさ | ＿＿＿＿＿＿＿<br>（あのかさです。） |
| 5. | あれをください。 | どれですか。 | しんぶん | ＿＿＿＿＿＿＿<br>（あのしんぶんです。） |

## れんしゅう B

| | *You point to...* | *And you say...* | *Shopkeeper asks...* | *Then you say...* |
|---|---|---|---|---|
| *Ex.:* | ほん | そのほんをください。<br>（そのほんをください。） | どのほんですか。 | それです。<br>（それです。） |
| 1. | しんぶん | ＿＿＿＿＿＿＿＿＿<br>（そのしんぶんをください。） | どのしんぶんですか。 | ＿＿＿＿＿<br>（それです。） |
| 2. | テープ | ＿＿＿＿＿＿＿＿＿<br>（そのテープをください。） | どのテープですか。 | ＿＿＿＿＿<br>（それです。） |

3. ノート ＿＿＿＿＿＿＿＿＿＿＿ どのノートですか。 ＿＿＿＿＿
   （あのノートをください。） （あれです。）

4. レコード ＿＿＿＿＿＿＿＿＿＿＿ どのレコードですか。 ＿＿＿＿＿
   （あのレコードをください。） （あれです。）

---

**Explanation**

3. If you want to say, in a complete sentence, that someone is going to do something, you say :

   someone は something を します。

   *Ex.:* たろうは しゅくだいを します。
   Taro is going to do his homework.

4. There are other expressions in Japanese that use します。します is used mainly for sports and games. It's also used for actions like making a phone call, having a meal, etc.

   *Ex.:* ゲームを します。　　　I'll play a game.
   テニスを します。　　　I'll play tennis.
   でんわを します。　　　I'll make a phone call.
   しょくじを します。　　I'll have a meal.

---

## れんしゅう

Question and answer drill

| *1st speaker* | | *2nd speaker* |
|---|---|---|
| *Ex.:* なにをしますか。 | れんしゅう | れんしゅうをします。 |
| なにをしますか。 | ゲーム | ゲームをします。 |
| なにをしますか。 | テニス | テニスをします。 |
| なにをしますか。 | けんどう | けんどうをします。 |
| なにをしますか。 | でんわ | でんわをします。 |

**Explanation**

5. ケントの　　　わたしの　　　おかあさんの　　　だれの

These expressions can be used by themselves.  In English, we say, "It's mine." or "I think that's Kent's."  In Japanese, these phrases work the same way.

*Ex.:*

| | |
|---|---|
| このかさは ケントのです。 | This umbrella is Kent's. |
| そのつくえは わたしのです。 | That desk is mine. |
| あのめがねは おかあさんのです。 | Those glasses over there are Mother's. |

## れんしゅう

Transformation Drill

*Ex.:* これは ケントのスケートボードです。　このスケートボードは
　　　　　　　　　　　　　　　　　　　　　　　ケントのです。

1. これは たろうのとけいです。
2. それは おかあさんのいすです。
3. それは わたしのけしゴムです。
4. あれは せんせいのボールペンです。
5. あれは ぼくのいぬです。

Let's learn the following dialogue.

| ケント | つぎは だれの ばんですか。 |
|---|---|
| たろう | ぼくたちの ばんです。 |
| ケント | ぼくは のどが かわきました。 |
| たろう | みずを のみますか。 |
| ケント | ええ、ちょっと まってください。 |

たろうは ケントの ともだちです。ケントと たろうは
まいにち、テニスの れんしゅうを します。

## ★ *EXERCISE* ★

1. Write the following in Japanese.

   (1) my friend                    (                                    )

   (2) Japanese book                (                                    )

   (3) a book written in English    (                                    )

   (4) school in Tokyo              (                                    )

   (5) Kent's father's car          (                                    )

2. Rewrite the following sentences as shown in the example.

   *Ex.:* これは、ケントのほんです。    This is Kent's book.

   このほんは、ケントのです。    This book is Kent's.

   (1) これは、たろうの ラケットです。 ......................................................

   (2) これは、わたしの レコードです。 ......................................................

   (3) それは、せんせいの つくえです。 ......................................................

   (4) それは、アンの ノートです。 ......................................................

   (5) あれは、ぼくの カメラです。 ......................................................

   (6) あれは、だれの スケートボードですか。 ..............................................

3. Rearrange the following words to make a correct sentence.

   *Ex.:* は    わたし    ノート    の    これ    です。

   これは、わたしの ノートです。

   This is my notebook.

   (1) かいます。  ケント  きって  オーストラリア  は  の  を

   (2) ほん  わたし  を  よみます。  いけばな  の  は

   (3) レコード  レコード  この  は  アメリカ  です。  の

   (4) じゃないです。  とうきょう  の  ちず  は  あの  ちず

   (5) ケーキ  の  バナナ  ください。  を

   (6) アメリカ  は  アン  の  えいが  すきです。  が

# Telling What You Want to Do

## •• *New Words* ••••••••••••••••••••

| | |
|---|---|
| ざっし | magazine |
| ぎゅうにゅう | milk |
| はな | flower |
| まんが | cartoon ; comic book |
| チョコレート | chocolate |
| いらっしゃいませ。 | "Welcome!" |
| ええ | "Yes." |
| おなかが すきました。 | "I'm hungry." |
| ミント | mint |
| バニラ | vanilla |

---
**━━ Basic Expressions ━━**

ぼくは アイスクリームを たべたいです。    I want to eat ice cream.

この ざっしを よみませんか。    Do you want to read this magazine ?

いいえ よみたくないです。    No, I don't want to.

---

**Explanation**

**1.** In order to say, "I want to do...," you change ます to たい. たい means "want to."

*Ex.:*

たべ<u>ます</u>   I'm going to eat.      たべ<u>たい</u>   I want to eat.

のみ<u>ます</u>   I'm going to drink.     のみ<u>たい</u>   I want to drink.

When you need to speak more politely, add です after たい.

*Ex.:*   たべたい      たべたいです。

       のみたい      のみたいです。

---

## れんしゅう

Change the following verbs into the "want to" form.

*Ex.* たべます     ⇒ たべたい

1. のみます     ⇒ のみたい
2. かきます     ⇒ かきたい
3. ききます     ⇒ ききたい
4. かいます     ⇒ かいたい
5. よみます     ⇒ よみたい

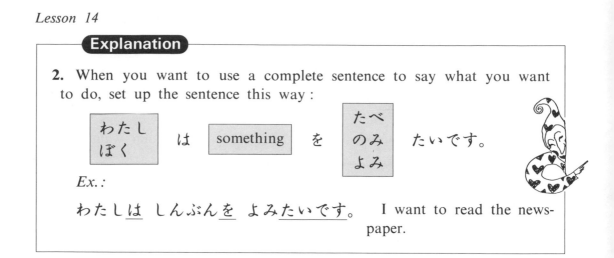

**Explanation**

**2.** When you want to use a complete sentence to say what you want to do, set up the sentence this way :

わたし
ぼく は something を たべ
のみ
よみ たいです。

*Ex.:*

わたしは しんぶんを よみたいです。 I want to read the news-paper.

れんしゅう

Look at the pictures and say what you want to do.

*Ex.*

*Ex.:* わたしは テレビを みたいです。

1

2

3

4

5

6

**Explanation**

**3.** Remember, though, not to use the たい form when you offer someone something. The たい form is used only to tell people what you want to do. When you offer something, say ませんか.

*Ex.:* りんごを たべませんか    Won't you eat an apple ?

## れんしゅう A

Transformation Drill
Ask your classmate if he wants to do the following.

*Ex.:* テレビを みます。    テレビを みませんか。

1. レコードを ききます。
2. ほんを よみます。
3. ケーキを たべます。
4. コーヒーを のみます。

## れんしゅう B

Respond to the following offers using the expressions given below.

1. この ざっしを よみませんか。
2. ぎゅうにゅうを のみませんか。
3. アイスクリームを たべませんか。
4. テレビを みませんか。
5. この レコード を ききませんか。
6. コーヒーを のみませんか。

> えぇ、ありがとう。　　　えぇ、のみたいです。
> いいえ、けっこうです。　えぇ、ききたいです。
> えぇ、よみたいです。　　えぇ、みたいです。

**Explanation**

**4.** To say that you don't want to do something, drop い from たい and add くない.

> *Ex.:* たべたい　　たべた＋くない　　たべたくない
>
> I don't want to eat...

Remember, in Lesson 11 you learned that you said ほしい when you wanted to have something.

To say that you don't want something, drop い from ほしい then add くない. This is just like what you did to たい form.

## れんしゅう

Transformation Drill

*Ex.* たべたい　　　　⇨ たべたくない

1. みたい　　　　　⇨ みたくない
2. ききたい　　　　⇨ ききたくない
3. よみたい　　　　⇨ よみたくない
4. かきたい　　　　⇨ かきたくない
5. のみたい　　　　⇨ のみたくない
6. かいたい　　　　⇨ かいたくない
7. ほしい　　　　　⇨ ほしくない

Let's learn the following dialogue.

ケント　　　おなかが すきました。

たろう　　　ぼくも。

ケント　　　アイスクリームを たべませんか。

たろう　　　ええ、たべたいです。

たろうと ケントは アイスクリームが すきです。ケントは、
チョコレートアイスクリームを たべます。たろうは ミントと
バニラを たべます。

みせのひと　　　いらっしゃいませ。

ケント　　　　　これを ください。

みせのひと　　　チョコレートですか。

ケント　　　　　はい、そうです。

たろう　　　　　ぼくは ミントと バニラを たべたい。
　　　　　　　　ミントと バニラを ください。

### ★ *EXERCISE* ★

1. Fill in the blanks.

| のみます | のみたい | のみたくない |
|---|---|---|
| | | かきたくない |
| かいます | | |
| | たべたい | |
| ききます | | |
| | みたい | |
| | | よみたくない |

2. Look at the pictures and respond with いいえ. Use the くない form.

*Ex.:*      ?   <u>いいえ、よみたくないです。</u>

(Do you want to read ?)

(1)      ?   いいえ、 ------------------------------

(drink)

(2)      ?   いいえ、 ------------------------------

(buy)

(3)      ?   いいえ、 ------------------------------

(eat)

(4)      ?   いいえ、 ------------------------------

(write)

(5)      ?   いいえ、 ------------------------------

(watch)

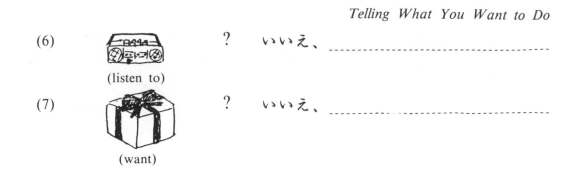

(6) ? いいえ、 _____

(listen to)

(7) ? いいえ、 _____

(want)

## ACTIVITY ▶ ▶ ▶

### Ice Cream Shop

Cut out paper and make many kinds of ice cream cones. Take turns and carry on a conversation as a customer and a sales clerk.

# Lesson 15 Describing How Things Are

• • • *New Words* • • • • • • • • • • • • • • • • • • • • • • • • • • • • • • • •

| おおきい | big | やさしい | easy |
| ちいさい | small | たかい | expensive |
| あたらしい | new | やすい | cheap |
| ふるい | old | あまい | sweet |
| むずかしい | difficult | からい | salty, spicy |

| | | | |
|---|---|---|---|
| いい | good | | you touch or taste) |
| わるい | bad | おいしい | taste good |
| てん | mark, point | しけん | exam, test |
| テレビゲーム | TV game | とても | very |
| よ | particle, (see | どんな | what kind of |
| | Explanation 6) | フィールド | field athletics |
| おもしろい | interesting | アスレチック | |
| つまらない | boring | せつめい | explanation |
| あつい | hot | せつめいしょ | manual |
| さむい | cold (for climate) | どうぞ。 | "Here you are." |
| つめたい | cold (for something | | |

---

**— Basic Expressions —**

1. これは おもしろい ゲームです。　　This is an interesting game.

2. この テレビゲームは つまらない　　This TV game is surely bor-
ですよ。　　　　　　　　　　　　　　　ing.

3. この ケーキは あんまり おいしく　This cake doesn't taste too
ないです。　　　　　　　　　　　　　　good.

4. どんな ゲームですか。　　　　　　　What kind of game is it ?

**Explanation**

1. In Japanese, adjectives always end in い.

Ex.:　おもしろい　　　　　interesting
　　　つまらない　　　　　boring
　　　あつい　　　　　　　hot
　　　さむい　　　　　　　cold (for climate)
　　　つめたい　　　　　　cold (for something you touch or taste)

2. Just as in English, Japanese adjectives come right before the noun they describe.

73

*Ex.:*　おもしろい　えいが　　　　interesting movie

　　　　やさしい　しけん　　　　easy test

　　　　わるい　てん　　　　　　bad mark

**3.** All adjectives in Japanese can also take a negative form. You simply drop い from the adjective, and add くない.

*Ex.:*　おもしろい ⟷ おもしろ＋くない

Go back to lesson 14 and read again Explanation 4 on page 68. This page explains the negative form of たい and ほしい.
The negative form of adjectives follows the same rule.

*Ex.:*　たべたい ⟷ たべたくない　　ほしい ⟷ ほしくない

There is one exception. いい ("good"), shown on page 73, comes from よい ("good"). いい is used more in daily conversation. But the negative form of "good" is based on よい.

*Ex.:*　(よい) → いい → よくない

## れんしゅう

Answer the following questions with either はい or いいえ.

*Ex.:*　このえいがは　おもしろいですか。

　　　　*If you answer...*　　　*Then...*

　　　　いいえ、　　　　　　いいえ、おもしろくないです。

1. このえいがは　つまらないですか。　　　いいえ、
2. このえいがは　あたらしいですか。　　　はい、
3. このえいがは　いいですか。　　　　　　はい、
4. このえいがは　ふるいですか。　　　　　いいえ、
5. そのテレビゲームは　むずかしいですか。　いいえ、
6. そのゲームは　おもしろいですか。　　　はい、
7. そのくるまは　あたらしいですか。　　　いいえ、
8. そのがっこうは　ちいさいですか。　　　いいえ、

9. そのテレビは たかいですか。　　　　はい、

10. そのみせは いいですか。　　　　　いいえ、

---

**Explanation**

**4.** To describe things more politely, you have to add です after い, OR くない, just like you do to the たい form.  Go back to Lesson 14, and reread the Explanation 1.

*Ex.:*　たべたい　　　　　　たべたいです
　　　　たべたくない　　　　たべたくないです
　　　　ほしい　　　　　　　ほしいです
　　　　ほしくない　　　　　ほしくないです
　　　　やさしい　　　　　　やさしいです
　　　　やさしくない　　　　やさしくないです

● *One step further*

　むずかしくないです ＝ むずかしくありません

You might hear the expression くありません instead of くないです。 ありません is the negative form of あります, and has the same meaning and use as ないです。

*Ex.:*　おもしろくないです ＝ おもしろくありません
　　　　よくないです ＝ よくありません

---

れんしゅう

Transformation Drill

*Ex.:*　さむくないです。　　⇨さむくありません。

1. あつくないです。

2. さむくないです。

3. あたらしくないです。

4. たかくないです。

5. ほしくないです。

6. たべたくないです。

7. むずかしくないです。

8. やさしくないです。

9. やすくないです。

**Explanation**

**5.** どんな

To ask what kind of thing something is, say どんな.

*Ex.:* どんな えいが     What kind of movie...?

どんな しけん     What kind of test...?

どんな ひと     What is he/she like ?

れんしゅう

Question and Answer Drill

|  | *1st speaker* |  | *2nd speaker* |
|---|---|---|---|
| *Ex.:* | どんな ひとですか。 | おもしろい | おもしろいひとです。 |
| 1. | どんな ねこですか。 | ちいさい | |
| 2. | どんな しけんですか。 | むずかしい | |
| 3. | どんな みせですか。 | おおきい | |
| 4. | どんな せんせいですか。 | いい | |

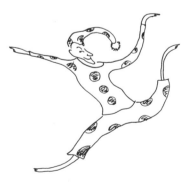

**Explanation**

6. よ　　**a particle**

At the end of a sentence, the particle よ emphasizes what you are saying :

*Ex.:*　この ゲームは やさしいですよ。

This game is *surely* easy.

これは わたしのですよ。

This is mine, *you know.*

れんしゅう

Emphasize the following statements by adding よ at the end.

*Ex.:*　これは おもしろいほんです。⇒これは おもしろいほんですよ。

1. あの せんせいは あたらしいせんせいです。⇒

2. これは やさしいゲームです。　　　　　　⇒

3. このかさは ぼくのです。　　　　　　　　⇒

4. あのひとは ちゅうがくせいです。　　　　⇒

5. このケーキは おいしいです。　　　　　　⇒

Let's learn the following dialogue.

| | |
|---|---|
| **みせのひと** | これは あたらしいゲームですよ。 |
| **ケント** | むずかしいですか。 |
| **みせのひと** | いいえ、あんまり むずかしくないです。 |
| | とても おもしろいゲームですよ。 |
| **ケント** | どんな ゲームですか。 |
| **みせのひと** | フィールドアスレチックの ゲームです。 |
| **ケント** | そうですか。じゃあ、これを ください。 |
| **みせのひと** | ありがとうございました。えいごの せつめいしょです。 |
| | どうぞ。 |

　ケントは テレビゲームがすきです。ケントは あたらしいゲームを
かいます。フィールドアスレチックの ゲームです。それは とても
おもしろいゲームです。

★ *EXERCISE* ★

1. Draw a line to connect the adjectives with the opposite meaning.

　（1）おおきい　　　　　　　つまらない

　（2）あたらしい　　　　　　ちいさい

　（3）むずかしい　　　　　　あつい

　（4）たかい　　　　　　　　ふるい

　（5）あまい　　　　　　　　あつい

　（6）わるい　　　　　　　　いい

　（7）おもしろい　　　　　　やさしい

　（8）さむい　　　　　　　　からい

　（9）つめたい　　　　　　　やすい

2. Look at the pictures on page 72 and write the correct adjective.

　これは 1 ＿＿＿＿＿ いぬです。

　これは 2 ＿＿＿＿＿ しけんです。

　これは 3 ＿＿＿＿＿ けしごむです。

　これは 4 ＿＿＿＿＿ くだものです。

　これは 5 ＿＿＿＿＿ てんです。

3. Put either ね、よ or か in the blanks.

　（1）おもしろいほんです（　　　）。

　　　　This is surely an interesting book.

　（2）これはおもしろいほんです（　　　）。

　　　　Is this an interesting book ?

　（3）これはおもしろいほんです（　　　）。

　　　　This is an interesting book, isn't it ?

　（4）これはぼくのです（　　　）。

　　　　This is mine, isn't it ?

(5) こうこうせいです(　　)。

Are  you  a  high  school  student ?

(6) ちゅうがくせいです(　　)。

I  am  a  junior  high  school  student,  you  know.

(7) ちゅうがくせいです(　　)。

You  are  a  junior  high  school  student,  aren't  you ?

## ACTIVITY ▶▶▶

## Role  Playing

1. You  are  at  a  shop.　You  want  to  buy  a  new  game.　The  shopkeeper  recommends  one  game.　He  says  that  it's  a  hard  game.　You  say  that  you  like  a  difficult  game  and  decide  to  take  it.

2. You  ask  at  a  shop  if  that  game  is  difficult.　The  shopkeeper  says  that  it's  very  easy.　You  lose  interest  and  say...

3. Your  teacher  says  that  you're  going  to  have  a  test  tomorrow.　He  says  that  it's  going  to  be  very  easy.　You  disagree  with  him  saying  that  his  tests  are  always  very  hard.　Your  teacher  asks  you  what  sort  of  test  you  like.　You  tell  him  that  you  like  easy  ones  of  course.

4. When  you're  feeding  your  dog,  your  friend  stops  by.　You  have  a  Saint  Bernard.　Your  friend  is  astonished  with  the  size  and  appetite  of  your  dog.　He  says  that  his  dog  doesn't  eat  that  much.　You  ask  your  friend  what  sort  of  dog  he  has.　Your  friend  says  that  he  has  a  Chiwawa.

•• **New Words** ••••••••••••••••••••••••••••••••••

| | | | |
|---|---|---|---|
| へ(に) | particle (see Explanation 1) | きます | come |
| で | particle, (see Explanation 2) | くうこう | airport |
| | | デパート | department store |
| なんで | by what OR how | みぎ | right |
| でんしゃ | train | ひだり | left |
| バス | bus | まっすぐ | straight |
| ちかてつ | subway ; underground | ここ | here |
| あるいて | walking ; on foot | そこ | there |
| タクシー | taxi | あそこ | over there |
| バイク | motorcycle | どこ | where |
| いきます | go | あさひちょう | Asahi-cho (a place name) |
| いってください。 | "Please go." | うんてんしゅ | driver |
| かえります | return | | |

[ 81 ]

しんごう traffic light

わかります understand

わかりました understood

In responding to the request,

わかりました means "Your request is understood and will be taken care of."

そば near

---

## Basic Expressions

わたしは こうえんへ いきます。 I'm going to the park.

ぼくは えきへ タクシーで いきます。 I'm going to the station by taxi.

どこへ いきますか。 Where are you going ?

えきへ いってください。 Please go to the station.

---

**Explanation**

**1.** Japanese has a special way of saying "go," "return," and "come" (as in "He came over to my house.").

These three verbs take the particle へ. This particle shows where you're going, returning or coming to.

Even though you write *hiragana* へ for the particle, you have to say it as *hiragana* え.

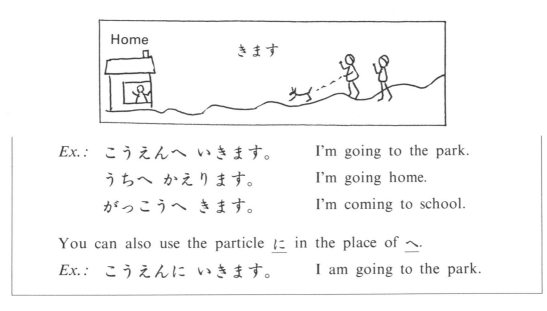

*Ex.:* こうえんへ いきます。     I'm going to the park.

うちへ かえります。     I'm going home.

がっこうへ きます。     I'm coming to school.

You can also use the particle に in the place of へ.

*Ex.:* こうえんに いきます。     I am going to the park.

れんしゅう

Look at the picture and say where this girl is going.

83

**Explanation**

**2.** In order to say how you're going to get somewhere, you use the particle で. This particle means "by means of." It tells the kind of transportation you used.

*Ex.:* タクシーで いきます。    I'm going by taxi.

バスで かえります。    I'm going home by bus.

ひこうきで きます。    He's coming by plane.

In order to ask what kind of transportation you use, you say なんで いきますか, きますか, かえりますか.

What if you don't travel in any kind of vehicle? Then use あるいて which means "on foot" or "walking." The words given on page 81 are vehicles. あるいて is the て form of the verb あるきます which means "will walk." You'll learn this form in Lesson 20, so for now just think of あるいて as "on foot."

れんしゅう

Look at the pictures on page 81 and ask each other how you are coming to school.

*Ex.:*    *Question*  がっこうへ なんで きますか。

*Answer*  じてんしゃで きます。

**Explanation**

**3.** When you want to ask someone to go somewhere, use this pattern:

| name of place |  へ いってください。

This expression is convenient when you tell the taxi driver where you want to go.

*Ex.:* くうこうへ いってください。    Please go to the airport.

Instead of the place names, you can also use direction words like "right," "left," etc.

| | |
|---|---|
| *Ex.:* みぎへ いってください。 | Please go to the right. |
| ひだりへ いってください。 | Please go to the left. |
| まっすぐ いってください。 | Please go straight. |

## れんしゅう

Substitution Drill

*Ex.:* えき                              えきへ いってください。

1. くうこう
2. うち
3. がっこう
4. とうきょう
5. みぎ
6. ひだり
7. まっすぐ

## Explanation

**4.** ここ  そこ  あそこ  どこ

   Go  back  to  Lesson  13  and  reread  the  Explanation  2  on  page  58.
ここ means here, そこ means there, and あそこ means over there. どこ
is  a  question  word.

## れんしゅう

   Point  to  the  things  you  see  in  the  classroom. Then  ask  each  other  where
they  are.   Use  the  words  どこ, ここ, そこ, あそこ.

*Ex.:* あなたの ほんは どこですか。        ここです。

1. せんせいの ほん
2. とけい
3. Student A の えんぴつ
4. こくばんけし
5. ドア

Let's learn the following dialogue.

| ケント | あさひちょうへ いってください。 |
|---|---|
| うんてんしゅ | はい。 |

| | あさひちょうです。どこへ いきますか。 |
|---|---|
| ケント | まっすぐ いってください。あさひちょうこうえんへ いきたいです。 |
| うんてんしゅ | あさひちょうこうえんですね。 |
| ケント | ええ、つぎの しんごうです。みぎへ いってください。 |
| うんてんしゅ | はい、みぎですね。 |
| ケント | それから ひだりへ いってください。 |
| うんてんしゅ | はい、わかりました。 |

| ケント | ここです。いくらですか。 |
|---|---|
| うんてんしゅ | 1,680 えんです。 |

ケントは タクシーで ともだちの うちへ いきます。ともだちの うちは あさひちょうこうえんの そばです。

タクシーの うんてんしゅは えいごが できません。

Write a correct particle in the blank.

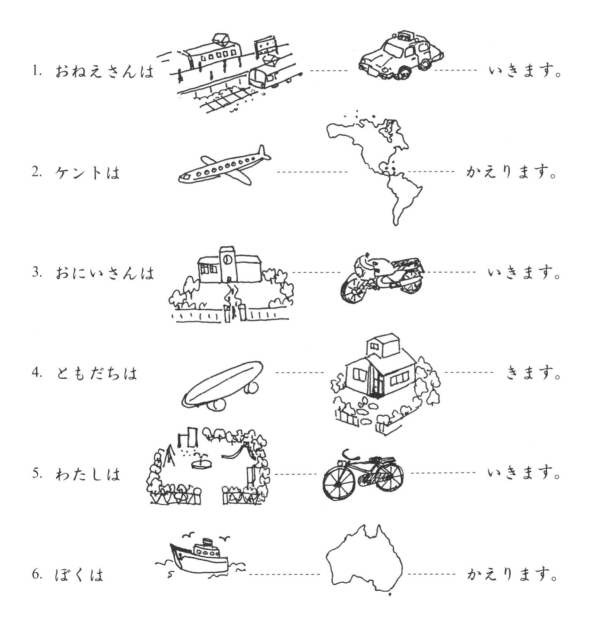

1. おねえさんは ＿＿＿＿＿＿ ＿＿＿＿＿ いきます。

2. ケントは ＿＿＿＿＿ ＿＿＿＿＿ かえります。

3. おにいさんは ＿＿＿＿＿ ＿＿＿＿＿ いきます。

4. ともだちは ＿＿＿＿＿ ＿＿＿＿＿ きます。

5. わたしは ＿＿＿＿＿ ＿＿＿＿＿ いきます。

6. ぼくは ＿＿＿＿＿ ＿＿＿＿＿ かえります。

## れんしゅう

Question and Answer Drill

|  | *1st speaker* |  | *2nd speaker* |
|---|---|---|---|

Ex.: <u>あなたの うちは どこですか。</u> <u>こうえん</u> こうえんの そばです。

がっこう

せんせいのうち

デパート

えき

## ACTIVITY ▶▶▶

**Game ;** Taxi driver

Each student draws two maps which are identical. The map you keep has a mark at your destination. Give one map to your partner. Pretend that your partner is the taxi driver and you are the passenger. Your partner will draw a line according to your direction. If he can take you where you want to go, you will get one point because you gave direction correctly.

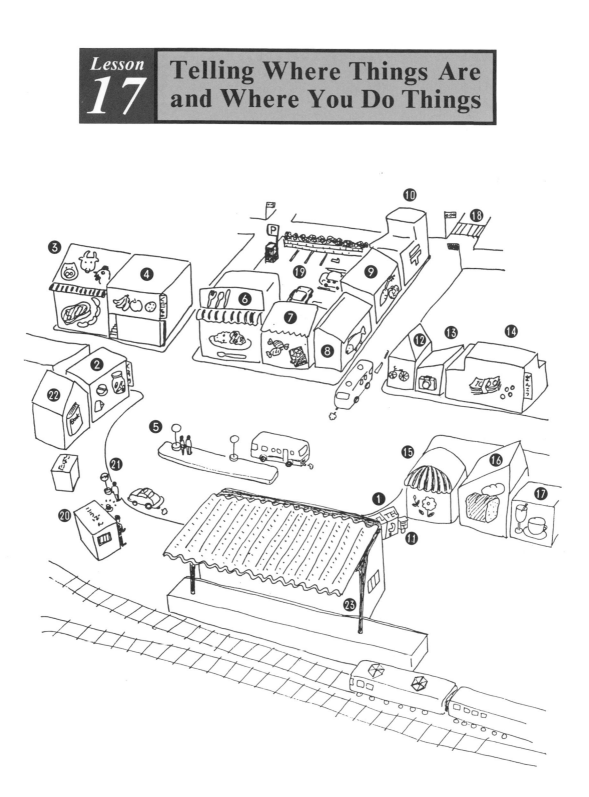

## ••• **New Words** •••••••••••••••••••••

The words for the picture on page 89.

| | | |
|---|---|---|
| 1. | でんわボックス | telephone box |
| 2. | くすりや | pharmacy |
| 3. | にくや | butcher |
| 4. | くだものや | fruit shop |
| 5. | バスのりば | place to get on a bus |
| 6. | レストラン | restaurant |
| 7. | おかしや | sweetshop |
| 8. | さかなや | fish store |
| 9. | やおや | green grocery |
| 10. | ゆうびんきょく | post office |
| 11. | ポスト | mailbox |
| 12. | じてんしゃや | bicycle shop |
| 13. | カメラや | camera shop |
| 14. | ぎんこう | bank |
| 15. | はなや | florist |
| 16. | パンや | bakery |
| 17. | きっさてん | coffee shop |
| 18. | おうだんほどう | crosswalk |
| 19. | ちゅうしゃじょう | parking lot |
| 20. | こうばん | police box |
| 21. | タクシーのりば | place to get a taxi |
| 22. | ほんや | bookstore |
| 23. | えき | station |

Other new words for this lesson

| | |
|---|---|
| おまわりさん | policeman |
| います | there is... (see Explanation 1) |
| あります | there is... (see Explanation 1) |
| かど | corner |
| まがります | turn |
| で | (particle, see Explanation 4) |
| を | (particle, see Explanation 5) |
| ききます | ask |

| | |
|---|---|
| わたります | go across |
| ちょっと | a little |
| ちょっと すみません | Excuse me. |
| とおり | street |
| みぎがわ | on the right |
| となり | next to |
| みち | way ; road |
| わかりません | I don't know ; I don't understand |
| マリア | Maria |

---

**Basic Expressions**

1. こうばんに おまわりさんが います。   There is a policeman in the police box.

2. くるまは ちゅうしゃじょうに あります。   The car is in the parking lot.

3. こうばんで ききます。   I'll ask at the police box.

4. そのかどを まがります。   I'll turn at that corner.

---

**Explanation**

**1.** In order to say "there is..." use あります and います. あります is used for non-living things, while います is used for living things such as people, dogs, birds, etc. In the Japanese language, plants are considered to be non-living things.

Sentence pattern is :

| something | が あります。 |
|---|---|
| someone | が います。 |

*Ex.:* こうばんが あります。

おまわりさんが います。

When used in a question in daily conversations, the particle が is often left out.

> *Ex.:* たろうくん（が）いますか。 Is Taro there ?
>
> でんわ（が）ありますか。 Is there a telephone ?

## れんしゅう

Substitution Drill

1. *Ex.:* ちゅうしゃじょう　　　　ちゅうしゃじょうが あります。
   - (1) おかしや
   - (2) ゆうびんきょく
   - (3) さかなや
   - (4) でんわボックス

2. *Ex.:* おまわりさん　　　　おまわりさんが います。
   - (1) みせのひと
   - (2) たろう
   - (3) ともだち
   - (4) せんせい

3. *Ex.:* つくえ　　　　つくえが あります。
   - (1) いぬ
   - (2) ケント
   - (3) くるま
   - (4) おまわりさん
   - (5) こうばん
   - (6) おかあさん
   - (7) こうえん

**Explanation**

**2.** In order to show where people or things are, use this pattern:

| name of place | に | います。<br>あります。 |

*Ex.:* うちに います。 I'll be at home.

がっこうに あります。 It's at school.

## れんしゅう

Tell where おかあさん or くるま is. Use this pattern shown below.

place に います。

あります。

*Ex.:* うち うちに います。

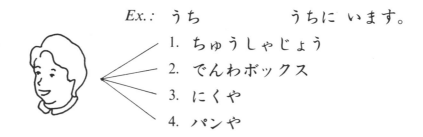

1. ちゅうしゃじょう
2. でんわボックス
3. にくや
4. パンや

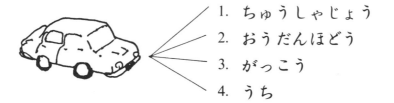

1. ちゅうしゃじょう
2. おうだんほどう
3. がっこう
4. うち

**Explanation**

**3.** When you want to use a complete sentence to say where things are set up the sentence this way.

| name of place | に | name of someone or something | が | います。<br>あります。 |

*Ex.:* こうばんに おまわりさんが います。

There is a policeman at the police box.

がっこうに とけいが あります。

There is a clock at school.

れんしゅう

Say the following in complete sentences.

*Ex.:* こうばん・おまわりさん　　こうばんに おまわりさんが います。

1. ちゅうしゃじょう・くるま
2. ゆうびんきょく・きって
3. タクシーのりば・おじいさん
4. きっさてん・アイスクリーム
5. でんわボックス・たろう

**Explanation**

**4.** The particle で means "at this place."

In this lesson we have another use of this particle で. When used between a place-word and a verb, this particle means that that place is where the action happens.

*Ex.:* うちで しょくじを します。　I'll eat at home.

で is used in two very different ways in Japanese. Go back to the preceding lesson (Lesson 16) and read Explanation 2. In that case, で means "by means of." Compare this meaning of で to the meaning of "at this place" which you have just learned.

　*Ex.:*　でんしゃ<u>で</u> いきます。

　　　　がっこう<u>で</u> べんきょうします。

---

## れんしゅう

Question and Answer Drill

| *1st speaker* | *If you say...* | *Then* |
|---|---|---|
| *Ex.:* どこで にんじんを かいますか。 | やおや | <u>やおや</u>で かいます。 |
| 1. どこで じしょを かいますか。 | ほんや | |
| 2. どこで きってを かいますか。 | ゆうびんきょく | |
| 3. どこで みちを ききますか。 | こうばん | |
| 4. どこで コーヒーを のみますか。 | きっさてん | |
| 5. どこで しょくじを しますか。 | レストラン | |
| 6. どこで きっぷを かいますか。 | えき | |

---

**Explanation**

**5.** The particle を means "through," "along"

| name of place | を | まがります | turn at |
|---|---|---|---|
| | | あるきます | walk along |
| | | いきます | go through |
| | | きます | come along |
| | | わたります | go across |

　　In this case, the particle を means that you're moving through or along a place.

　*Ex.:*

| | |
|---|---|
| そのかどを まがります。 | I'll turn at that corner. |
| こうえんを あるきます。 | I'm going to walk through the park. |
| おうだんほどうを わたります。 | I'll go across the crosswalk. |

Let's learn the following dialogue.

| | |
|---|---|
| マリア | ちょっと すみません。 |
| | ゆうびんきょくは どこですか。 |
| おまわりさん | このみちを まっすぐ いってください |
| | みぎがわに はなやさんが ありますね。 |
| マリア | どこですか。 |
| おまわりさん | あそこです。 |
| マリア | ああ、あの はなやさんですね。 |
| おまわりさん | ええ、そのかどを みぎへ まがります。 |
| | そこに がっこうが あります。ゆうびんきょくは |
| | がっこうの となりです。 |
| マリア | ああ、そうですか。どうもありがとう。 |

　マリアは ゆうびんきょくへ いきます。あたらしいきってを
かいます。でも みちが わかりません。
こうばんに おまわりさんが います。
マリアは こうばんで みちを ききます。

がっこう

こうばん

れんしゅう

Question and Answer Drill

*if you say...*

*Ex.:* えいごの せつめいしょ ありますか。　　　　はい

　　　*then* ⇨ はい、ありますよ。

1. あたらしいゲーム ありますか。　　　　　　はい
2. ちゅうしゃじょう ありますか。　　　　　　いいえ
3. でんわ ありますか。　　　　　　　　　　いいえ
4. ミンサンくん いますか。　　　　　　　　はい
5. たろうくん いますか。　　　　　　　　　はい
6. マリアさん いますか。　　　　　　　　　いいえ
7. ドナさん いますか。　　　　　　　　　　いいえ

★ EXERCISE ★

1. Look at the pictures on page 89.　Answer the questions using となり ("next to").

どこにありますか。

　*Ex.:* ゆうびんきょく
　　　⇨ゆうびんきょくは やおやのとなりにあります。

　(1) くだものや
　(2) ほんや
　(3) はなや
　(4) じてんしゃや
　(5) ぎんこう

2. Choose the correct particle and circle it.

(1) こうえん（を・で）あるきます。

(2) うち（を・で）ごはんをたべます。

(3) でんしゃ（を・で）いきます。

(4) こうばん（を・で）ききます。

(5) おうだんほどう（を・で）わたります。

(6) そのかど（を・で）まがります。

3. Fill in the blanks with the proper particle if necessary.

(1) わたし（　　）でんわ（　　）したいです。でも10えん（　　）
    ありません。

(2) たろう（　　）がっこう（　　）あるいて（　　）いきます。

(3) おかしやさん（　　）かど（　　）みぎ（　　）いってください。

(4) うち（　　）テレビ（　　）みません（　　）。

(5) じてんしゃ（　　）こうえん（　　）いきます。

(6) カメラや（　　）ぎんこう（　　）となり（　　）あります。

## ACTIVITY ▶ ▶ ▶

Pretend that you are at a police box. Carry on a conversation under the following circumstances.

1. You're visiting your friend's house for the first time. The only thing you have is your friend's address. The policeman doesn't know your friend's house, but he is kind enough to look it up on the map and tell you the way.

2. You're stopped by a Japanese person in your neighborhood. He doesn't speak much English, but he seems to be looking for a public telephone. Fortunately you're studying Japanese through *Speak Japanese*. Now can you help him out?

# Suggesting Things

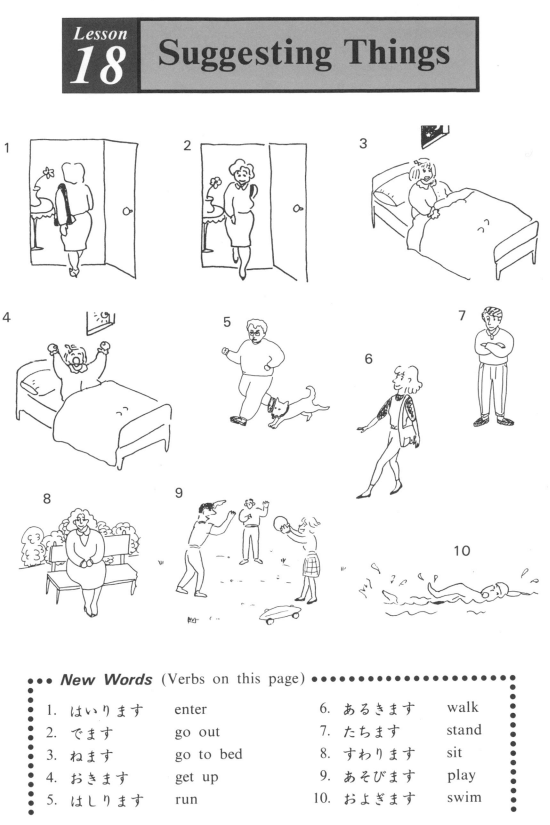

••• **New Words** (Verbs on this page) •••••••••••••••••••

1. はいります　　enter
2. でます　　　　go out
3. ねます　　　　go to bed
4. おきます　　　get up
5. はしります　　run

6. あるきます　　walk
7. たちます　　　stand
8. すわります　　sit
9. あそびます　　play
10. およぎます　　swim

(Other words)

| | | | |
|---|---|---|---|
| なにか | something | あかるい | light, bright |
| どうして | why | しょくどう | cafeteria |
| きょう | today | におい | smell |
| おきゃくさん | guest | ほんとうに | really |
| ふたり | both of them | から | because |
| あんないします | to show someone around | だから | therefore, so |
| | | すこし | a little |
| はじめに | first | いいですか。 | "Is it all right?" |
| コンピューター | computer | まいにち | every day |
| クラス | class | とても | very |
| にかい | upstairs | | |
| ここ<u>が</u> | (particle, see Explanation 2) | | |

---

**— Basic Expressions —**

| | |
|---|---|
| 1. いきましょう。 | Let's go. |
| 2. なにか たべましょうか。 | Shall we have something to eat ? |
| 3. ここが コンピューターの へやです。 | This is the computer room. |
| 4. どうして ここのハンバーガーが すきですか。 | Why do you like hamburgers here ? |
| 5. おいしいから すきです。 | I like them because they are good. |

## Explanation

**1.** If you want to make a suggestion to someone to do something, say ましょう OR ましょうか. The suffix ましょう means "Let's..." ましょうか means "Shall we...?"

> *Ex.:* こうえんへ いきましょう。　　　Let's go the park.
>
> こうえんへ いきましょうか。　Shall we go to the park ?

## れんしゅう

Change the following verbs into "Let's" form.

1. *Ex.:* たべます　　⇨ たべましょう

   (1) でます　　　⇨
   (2) はいります　⇨
   (3) ねます　　　⇨
   (4) おきます　　⇨
   (5) はしります　⇨
   (6) あるきます　⇨
   (7) たちます　　⇨
   (8) すわります　⇨
   (9) あそびます　⇨

2. *Ex.:* なにか たべましょうか。　　　ええ、たべましょう。

   (1) なにか のみましょうか。
   (2) なにか かいましょうか。
   (3) なにか みましょうか。
   (4) なにか かきましょうか。
   (5) なにか しましょうか。

**Explanation**

**2.** The particle が that comes after a noun shows the subject of a sentence, and emphasises it.

> *Ex.:* ここが コンピューターのへやです。
>
> It's this place that is the computer room. (not the other place.)
>
> おまわりさんが います。
>
> It's a policeman who is here. (not another person.)

## れんしゅう

No Emphasis on Subject  ⇨   Emphasis on Subject

*Ex.:*  ここは コンピューターのへやです。

⇨ ここが コンピューターのへやです。

1. わたしは いきます。　　　　　　　⇨
2. これは わたしの がっこうです。　⇨
3. ケントは かいました。　　　　　　⇨
4. このほんは おもしろいですよ。　　⇨
5. あのケーキは おいしいですよ。　　⇨
6. あそこは たろうくんのうちです。⇨

**Explanation**

**3.** To tell the reason why, use から.

> *Ex.:*  あついから…　　　　　Because it's hot…
>
> たべたいから…　　　Because I want to eat…
>
> たべたくないから…　Because I don't want to eat…
>
> ほしいから…　　　　Because I want (it)…

## れんしゅう

|  | | *If you answer...* | *Then...* |
|---|---|---|---|

*Ex.:* テレビゲームを しますか。　　（いいえ）　　いいえ、しません。
　　　　どうして。　　　　　　　　　（つまらない）　つまらないから
　　　　　　　　　　　　　　　　　　　　　　　　　しません。

1. にほんごの しけんが すきですか。　　　　（はい）
　　どうして。　　　　　　　　　　　　　　（やさしい）

2. しょくどうの ハンバーガーを たべますか。（いいえ）
　　どうして。　　　　　　　　　　　　　　（おいしくない）

3. きょう、テニスの れんしゅうを しますか。（はい）
　　どうして。　　　　　　　　　　　　　　（おもしろい）

4. あたらしい ゲームを かいますか。　　　　（はい）
　　どうして。　　　　　　　　　　　　　　（ほしい）

5. アイスクリームを たべませんか。　　　　（いいえ）
　　どうして。　　　　　　　　　　　　　　（ほしくない）

6. りんごを かいませんか。　　　　　　　　（いいえ）
　　どうして。　　　　　　　　　　　　　　（たべたくない）

7. すわりませんか。　　　　　　　　　　　　（いいえ）
　　どうして。　　　　　　　　　　　　　　（すわりたくない）

8. きょう、がっこうへ いきますか。　　　　（はい）
　　どうして。　　　　　　　　　　　　　　（テニスをしたい）

9. うちへ かえりますか。　　　　　　　　　（はい）
　　どうして。　　　　　　　　　　　　　　（テレビをみたい）

10. コーヒーを のみますか。　　　　　　　　（いいえ）
　　どうして。　　　　　　　　　　　　　　（いま、のみたくない）

Let's learn the following dialogue.

　きょう、ケントのがっこうに　おきゃくさんがきます。やまださんと
たなかさんです。ふたりは、にほんのちゅうがっこうの
せんせいです。
ケントは、すこし　にほんごができます。
ケントは　ふたりを　あんないします。

1. **ケント**　　　　　はじめに　どこへいきましょうか。
　　**やまださん**　　　わたしは、コンピューターのクラスをみたいです。
　　**たなかさん**　　　わたしも　みたいです。
　　**ケント**　　　　　じゃあ、にかいへいきましょう。

2. ケント　　　　　ここが　コンピューターのへやです。
　　たなかさん　　　あかるいへやですね。
　　やまださん　　　これは　なんねんせいのクラスですか。
　　ケント　　　　　ちゅうがく１ねんです。
　　　　　　　　　　ちょっと　はいりましょう。
　　たなかさん　　　いいですか。
　　ケント　　　　　ええ、どうぞ。

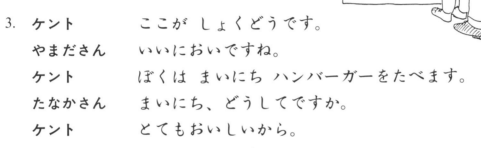

3. ケント　　　　　ここが　しょくどうです。
　　やまださん　　　いいにおいですね。
　　ケント　　　　　ぼくは　まいにち　ハンバーガーをたべます。
　　たなかさん　　　まいにち、どうしてですか。
　　ケント　　　　　とてもおいしいから。

**★ EXERCISE ★**

1. Give your suggestion for the following statements.

    *Ex.:*  さむいですね。　　⇒あついココアを　のみませんか。

    (1) あついですね。

    (2) しゅくだいが　ありません。

    (3) おなかが　すきました。

    (4) のどが　かわきました。

    (5) いいえいがを　みたいです。

2. Answer the following questions.

    (1) ケントのがっこうの　おきゃくさんは　だれですか。

    (2) おきゃくさんは　しょうがっこうのせんせいですか。

    (3) どうして　ケントが　あんないしますか。

    (4) はじめに　どのクラスを　みますか。

    (5) コンピューターのへやは　どこにありますか。

    (6) コンピューターのへやは　どんなへやですか。

    (7) ケントは　まいにち　しょくどうで　なにを　たべますか。

    (8) どうしてですか。

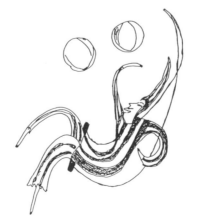

# ACTIVITY ▶▶▶

You have an exchange student from Japan who doesn't speak much English.  That person's going spend a night at your house.  Can you show him around your house ?

The words which might be useful in the household are as follows ;

1.  living room    いま（リビングルーム）
2.  kitchen    だいどころ（キッチン）
3.  bath    おふろ
4.  shower    シャワー
5.  bathroom    おてあらい
6.  entryway    げんかん
7.  bedroom    しんしつ（ベッドルーム）

Draw a house plan and tell where things are.  Take turns being the exchange student and the host family.

# 4月 (April)

| SUN.<br>日<br>にち | MON.<br>月<br>げつ | TUE.<br>火<br>か | WED.<br>水<br>すい | THU.<br>木<br>もく | FRI.<br>金<br>きん | SAT.<br>土<br>ど |
|---|---|---|---|---|---|---|
| イースターの やすみ (ほっかいどう) | | | | | 4 | 5 |
| 6 | 7 | 8 | 9 | 10 (たんじょうび) | 11 | 12 |
| 13 | 14 | 15 | 16 | 17 | 18 | 19 |
| 20 | 21 | 22 | 23 | 24 | 25 | 26 |
| 27 | 28 (おととい) | 29 (きのう) | 30 (きょう) | | | |

Today is Wednesday the 30th. The picture above shows what you did or how things were during the month. If the picture has an × on it, pretend that you did *not* do it or that things were *not* that way.

## ••• New Words •••••••••••••••••••••••

| | |
|---|---|
| にちようび | Sunday |
| げつようび | Monday |
| かようび | Tuesday |
| すいようび | Wednesday |
| もくようび | Thursday |
| きんようび | Friday |
| どようび | Saturday |
| イースター | Easter |
| たんじょうび | birthday |
| やすみ | holiday, vacation |
| ほっかいどう | Hokkaido |
| きょうかい | church |
| きのう | yesterday |
| おととい | the day before yesterday |
| かばん | bag |
| わすれました | forgot |
| わすれます | forget |
| どう | how |
| みどりちょうゆき | bound for Midoricho |
| バスの なか | on the bus |
| バンド | band |
| しあい | game, tournament |
| だから | so, therefore |
| にもつ | luggage |
| たくさん | a lot |
| おもかった | was heavy |
| おもい | heavy |
| せき | seat |
| うしろ | back, behind |
| おきました | put (past form) |
| おきます | put |
| そして | and |
| すっかり | completely |
| かいしゃ | company |

| | |
|---|---|
| あおい | blue |
| スポーツバッグ | sportsbag |
| なかみ | content |
| ボール | ball |
| おべんとう | packed lunch |
| ああ、よかった。 | "What a relief!" |
| じゅうしょ | address |
| おねがいします。 | "Please do (something) for me." |
| なか | inside |

---

**— Basic Expressions —**

1. きのう、かばんを わすれました。     I left my bag (somewhere) yesterday.

2. こうえんへ いきませんでした。     I didn't go to the park.

3. きのうは さむかったですね。     It was cold yesterday, wasn't it ?

4. しけんは どうでしたか。     How was the exam ?

    あんまり むずかしくなかったです。     It wasn't too difficult.

5. きのうは あめでしたか。     Was it a rainy day yesterday ?

    いいえ、あめじゃなかったです。     No, it wasn't.

6. かばんを うしろのせきに おきました。     He put his bag on the back seat.

---

**Explanation**

**1.** To tell what you did, simply change the suffix ます to the suffix ました.

*Ex.:*

きょう がっこうへ いきます。     I'm going to school today.

きのう がっこうへ いきました。     I went to school yesterday.

れんしゅう

Transformation Drill

*Ex.:* いきます。　　　⇨ いきました。

1. たべます。
2. あります。
3. かえります。
4. います。
5. わすれます。
6. あげます。
7. みます。
8. およぎます。

## Explanation

**2.** To say you did not do something, add でした to the ません form.
でした is the past form of です。

    *Ex.:*　いきません。　　　I won't go.

        いきませんでした。　　I didn't go.

れんしゅう

Transformation Drill

*Ex.:* およぎません。　　⇨ およぎませんでした。

1. あそびません。
2. はしりません。
3. あるきません。
4. おきません。
5. ねません。
6. でません。
7. はいりません。
8. まがりません。

9. まちません。

---

**Explanation**

**3.** For describing words (adjectives), drop the final い and add かった.

Ex.:  さむい          さむ＋かった          さむかった
    (It's cold.)                    (It was cold.)

Go back to lesson 15 and reread Explanation 3 on page 74. In that lesson you learned that the negative form of いい (good) comes from よい. It's exactly the same for the negative form of adjectives in the past. The past tense of いい is also based on よい.

よい⇒いい⇒よかった

Ex.:  しけんの てんは よかったです。
    My test result was good.

    きのうの えいがは よかったです。
    The movie I watched yesterday was a good one.

    きのうの しあいは よかったです。
    We had a good game yesterday.

---

れんしゅう

Change the following adjectives into past form.

Ex.:  さむい      ⇒さむかった

1. あつい
2. おもしろい
3. つまらない
4. あたらしい
5. ふるい
6. むずかしい
7. やさしい
8. たかい

9. やすい

10. わるい

11. おおきい

12. ちいさい

13. いい

---

**Explanation**

**4.** To make adjectives negative past, drop the final い from くない and add かった.

*Ex.:*  さむくない    さむくな＋かった    さむくなかった

(It's not cold.)                    (It wasn't cold.)

Remember in lesson 15 you learned that you could say くありません for くないです.   In this case you can also say くありませんでした for くなかったです.

*Ex.:*  さむくなかったです  ＝  さむくありませんでした

---

れんしゅう

*Ex.:*  おもしろくない        ⇨おもしろくなかった

1. ちいさくない

2. あまり たかくない

3. あまり おいしくない

4. あまり むずかしくない

---

**Explanation**

**5.** noun＋です    ⇨ noun＋でした

*Ex.:*  きょうは あめです。   It's a rainy day today.

きのうは あめでした。 It was a rainy day yesterday.

れんしゅう

*Ex.:* きょうは あめです。　　⇨きのうは あめでした。

1. きょうは やすみです。
2. きょうは にちようびです。
3. たなかさんは せんせいです。
4. たろうは しょうがくせいです。
5. おべんとうは ハンバーガーです。
6. きょうは ぼくのたんじょうびです。

---

**Explanation**

**6.** To make noun＋です negative past, the sentence pattern is as follows.

noun＋じゃないです　⇨ noun＋じゃなかったです

*or* noun＋じゃありません　⇨ noun＋じゃありませんでした

*Ex.:* きょうは あめじゃないです。

It's not a rainy day today.

きのうは あめじゃなかったです。

It wasn't a rainy day yesterday.

---

れんしゅう

1. *Ex.:* おべんとうは おすしじゃないです。

⇨おべんとうは おすしじゃなかったです。

(1) きょうは たんじょうびじゃないです。
(2) げつようびは やすみじゃないです。
(3) テニスのしあいじゃないです。
(4) バンドのれんしゅうじゃないです。
(5) にほんごのしけんじゃないです。

2. *Ex.:* おもしろくなかったです。⇨おもしろくありませんでした。

(1) ちいさくなかったです。

（２）あまり たかくなかったです。

（３）あまり おいしくなかったです。

（４）あまり むずかしくなかったです。

**Explanation**

**7.** に おきます，わすれます

When you want to say you put something or left something at a certain place, you always use the particle に after the name of the place.

Set up your sentence this way.

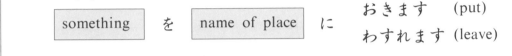

something を name of place に おきます （put）
わすれます （leave）

れんしゅう A

*Question:* かばんを どこに おきましたか。

*Answer: Ex.:* バスの なかに おきました。

（１）コンピューターのへや

（２）こうえんのなか

（３）タクシーのなか

（４）うしろのせき

（５）でんわのそば

（６）テレビのうしろ

れんしゅう B

Say where you left your umbrella.

*Ex.:* Back seat ⇒ うしろのせきに わすれました。

（１）In the taxi

（２）At the station

（３）On the bus

（４）At home

Let's learn the following dialogue.

　いま、8じはん です。みどりちょうゆきの バスの なかに
ケントのかばんが あります。でも、ケントは いません。ケントは
いま がっこうに います。

　きょう、バンドのれんしゅうと テニスのしあいが ありました。
だから、にもつが たくさんありました。ケントは かばんをうしろの
せきに おきました。おもかったからです。そして すっかり
わすれました。

　いま、4じ です。ケントは バスの かいしゃに います。

ケント　　　　　　すみません。けさの　みどりちょう　ゆきの

バスの　　　　　　バスに、かばんが　ありませんでしたか。

かいしゃの　ひと　どんな　かばんですか。

ケント　　　　　　あおい　スポーツバッグです。

かいしゃの　ひと　なかみは　なんですか。

ケント　　　　　　がっこうの　ほんと、おべんとうと、テニスの

　　　　　　　　　ボールです。

かいしゃの　ひと　ちょっと　まってください。　ありましたよ。

ケント　　　　　　ああ、よかった。

かいしゃの　ひと　ここに　なまえと　じゅうしょを　おねがい

　　　　　　　　　します。

## ★ EXERCISE ★

1. Look at the picture on page 108. Choose the correct statement based on the condition given in English.

(1) Today is April 30th.

　　a. きのう、ぼくは　しんぶんを　よみました。

　　b. きのう、ぼくは　カメラを　かいました。

　　c. きのう、ぼくは　カメラを　かいませんでした。

(2) Today is April 14th.

　　a. きのう、わたしは　きょうかいへ　いきました。

　　b. きのうは　あめ　でした。

　　c. きのう、わたしは　きょうかいへ　いきませんでした。

(3) Today is April 7th.

　　a. おととい、ぼくは　ほっかいどうに　いました。

　　b. おととい、ぼくは　がっこうで　テニスを　しました。

　　c. おととい、ぼくは　プレゼントを　あげました。

(4) Today is April 25th.

    a. きょうは あめじゃありませんでした。

    b. おととい、わたしは カメラを かいました。

    c. おととい、わたしは テニスを しませんでした。

2. Read the story and the dialogue on the pages 116–17. Then answer the questions in complete sentences.

(1) 8じはんです。ケントのかばんは どこにありますか。

--------

(2) きょう、にもつが たくさんありました。どうしてですか。

--------

(3) どうして ケントは かばんを うしろのせきに おきましたか。

--------

(4) ケントのかばんのなかに なにがありましたか。

--------

(5) いま、4じです。ケントのかばんは どこにありましたか。

--------

(6) ケントは バスのかいしゃで なにを かきましたか。

--------

(7) ケントのかばんは どんなかばんですか。

--------

# ACTIVITY ▶▶▶

1. Look at the picture on page 116. Pretend that you are Kent and carry on a conversation with the man in the office.

2. Put on a skit based on the following plot.

   You ate at a hamburger shop with your friend. It was raining. When you came out, it had stopped raining so you forgot to pick up your umbrella. At the station you remembered that you had left your umbrella at the shop. You hurried back, but you could not find it where you had put it. You asked one of the waitresses about your umbrella. She asked you what sort of umbrella it was. You told her what it was like. The waitress said that she had found it and took it out from behind the counter and gave it to you.

# Lesson 20 — Asking Someone to Do Something

•••• **New Words** •••••••••••••••••••••

| | |
|---|---|
| ぼうし | hat, cap |
| とって | （て form of とります） |
|   とります | get |
| とってください | Please get it for me. |
| の | one (see Explanation 2) |
| うさぎ | rabbit |
| はい、どうぞ | Here you are. |

[ 120 ]

| | |
|---|---|
| みせて | (て form of みせます) |
| みせます | show |
| もう、すこし | a little more |
| リボン | ribbon |
| リボンをします | put ribbon on |
| して | (て form of します) |
| そうしてください | Please do that |
| なかよし | good friend |
| びょうき | ill, sick |
| おもちゃや | toy shop |
| おみまいの プレゼント | gift to comfort a sick person |
| かわいい | cute |
| ぬいぐるみ | stuffed animal |

---

**Basic Expressions**

1. その ぼうしを とってください。　Please get that hat for me.

2. しろいのを みせてください。　Please show me the white one.

---

**Explanation**

**1.** Japanese has a special way for you to ask someone to do something for you.  You put the verb in a certain form and add the expression ください.  This is called the て form.

Before you study this lesson, go back to lesson 6 about "classroom expressions" on page 23.  Reread Explanation 3 in lesson 16 on page 84 also.  You already know that :

て form of a verb＋ください

＝ Please do (something) for me.

These are the て forms of the verbs you've already learned.  Learn them well by heart.

*Lesson 6*

（1）はじめます　　(begin)　　　　はじめて

（2）みます　　　　(look, see)　　　みて

121

| | | | |
|---|---|---|---|
| ( 3 ) ききます | (listen) | きいて |
| ( 4 ) いいます | (say) | いって |
| ( 5 ) します | (do) | して |

### *Lesson 12*

| | | | |
|---|---|---|---|
| ( 6 ) かきます | (write) | かいて |
| ( 7 ) たべます | (eat) | たべて |
| ( 8 ) のみます | (drink) | のんで |
| ( 9 ) みます | (watch) | みて |
| (10) よみます | (read) | よんで |
| (11) かいます | (buy) | かって |

### *Lesson 13*

| | | | |
|---|---|---|---|
| (12) まちます | (wait) | まって |

### *Lesson 14*

| | | | |
|---|---|---|---|
| (13) かきます | (draw) | かいて |

### *Lesson 16*

| | | | |
|---|---|---|---|
| (14) わかります | (understand, know) | わかって |
| (15) あるきます | | あるいて |
| (16) いきます | | いって |
| (17) かえります | | かえって |
| (18) きます | | きて |

### *Lesson 17*

| | | | |
|---|---|---|---|
| (19) ききます | (ask) | きいて |
| (20) わたります | (go across) | わたって |
| (21) います | | いて |
| (22) まがります | | まがって |

### *Lesson 18*

| | | | |
|---|---|---|---|
| (23) でます | (go out) | でて |
| (24) はいります | (enter) | はいって |
| (25) ねます | (go to bed) | ねて |
| (26) おきます | (get up) | おきて |
| (27) はしります | (run) | はしって |

| | | | |
|---|---|---|---|
| (28) あるきます | (walk) | あるいて | |
| (29) たちます | (stand) | たって | |
| (30) すわります | (sit) | すわって | |
| (31) あそびます | (play) | あそんで | |
| (32) およぎます | (swim) | およいで | |

*Lesson 19*

| | | | |
|---|---|---|---|
| (33) おきます | (put) | おいて | |
| (34) わすれます | (forget) | わすれて | |

*Lesson 20*

| | | | |
|---|---|---|---|
| (35) とります | (get) | とって | |
| (36) みせます | (show) | みせて | |

## れんしゅう

*Ex.:* てがみを かきます。　　⇨ てがみを かいてください。

1. この かんじを よみます。　⇨
2. ひこうきの きっぷを かいます。⇨
3. この テープを ききます。　⇨
4. はいります。　　　　　　　　⇨
5. すわります。　　　　　　　　⇨
6. あの かどを まがります。　⇨
7. おうだんほどうを わたります。⇨

**Explanation**

**2.** しろいの　　a white one

Review the usage of the particle の

| | |
|---|---|
| ケントの じてんしゃ | Kent's bicycle (Lesson 13, Explanation 1) |
| とうきょうの がっこう | a school in Tokyo |
| えいごの ほん | an English book OR a book written in English. |

| | |
|---|---|
| ケントの です。 | It's Kent's (Lesson 13, Explanation 6) |
| わたしの です。 | It's mine. |
| だれの ですか。 | Whose is it ? |

| | |
|---|---|
| しろいの | A white one |
| おおきいの | A big one |
| あたらしいの | A new one |

**Adjective＋の**

This <u>の</u> replaces the noun mentioned before. It works as an English word *one* in the sentences like "Please give me a white *one*." OR "I like the red *one* better."

*Ex.:* この しんぶんは ふるいです。

あたらしい<u>の</u>を とってください。

This newspaper is old. Please get me a new one.

れんしゅう

*Ex.:* しろい ぼうしを ください。　⇨しろいのをください。

1. おおきい ノートを ください。　⇨

2. ちいさい ぬいぐるみを ください。⇨

3. ふるい しんぶんを ください。　⇨

4. あたらしい ろうそくを ください。⇨

5. いい カメラを かってください。

6. おもしろい まんがを みせてください。

7. やさしい ほんを よんでください。

Let's learn the following dialogue.

アン　　　　すみません。その くろい うさぎを とってください。

みせのひと　はい、どうぞ。

アン　　　　それから その しろいのも みせてください。

　　　　　　. . . . . もうすこし おおきいのが ありますか。

みせのひと　はい、これです。

アン　　　　かわいいですね。じゃあ、これを ください。

みせのひと　ありがとうございます。プレゼントですか。

アン　　　　はい、そうです。

みせのひと　リボンを しますか。

アン　　　　ええ、そうしてください。

アンと ドナは なかよしです。ドナは いま、びょうきです。だから いま、びょういんに います。アンは おもちゃやで おみまいの プレゼントを かいます。ドナは ぬいぐるみが すきです。アンは うさぎの ぬいぐるみを かいました。かわいい うさぎの ぬいぐるみです。

1. Respond to the following statements. Complete each verb form in the て form. Write the correct *hiragana* in the blanks.

*Ex.:* アメリカへ かえります。てがみを __かいて__ ください。
           write

(1) これは おもしろい ほんです。その ほんを ＿＿＿＿＿ ください。
                                    show

(2) みちが わかりません。      こうばんで＿＿＿＿＿ ください。
                                    ask

(3) ああ、おなかが すきました。 これを ＿＿＿＿＿ ください。
                                    eat

(4) ゆうびんきょくへ いきたいです。あの かどを＿＿＿＿ ください。
                                    turn

(5) あついから およぎたいです。 プールで＿＿＿＿＿ ください。
                                    swim

2. Answer the following questions.

(1) アンの なかよしは だれですか。 ＿＿＿＿＿＿＿＿＿＿＿＿

(2) ドナは いま、どこにいますか。 ＿＿＿＿＿＿＿＿＿＿＿＿

(3) どうしてですか。

＿＿＿＿＿＿＿＿＿＿＿＿＿＿＿＿＿＿＿＿＿

(4) アンは どこで おみまいの プレゼントを かいましたか。

＿＿＿＿＿＿＿＿＿＿＿＿＿＿＿＿＿＿＿＿＿

(5) おみまいの プレゼントは なんですか。

------------------------------------------------------------

(6) ドナは、なにが すきですか。　------------------------------------------------

(7) アンは どんな ぬいぐるみを かいましたか。

------------------------------------------------------------


## ACTIVITY ▶ ▶ ▶

1. You are at the following stores.　One of you will be a customer and another one will be a shopkeeper.　Do some shopping at each of the stores.

   (1) camera shop
   (2) bicycle shop
   (3) bookstore


2. Look at the picture on page 120.
   Pretend that you are the boy on the platform.
   What would you say to the stationmaster in the following situations ?

   (1)　You dropped your report card.
   (2)　You dropped coins from your pocket.
   (3)　Your shoe fell on the track.

   Words for this role play
   report card　つうちひょう
   ¥10 coin　　10えんだま
   ¥50 coin　　50えんだま
   ¥100 coin　　100えんだま
   shoe　　　　くつ

# さ く い ん

にほんご かんたん
*Speak Japanese* (BOOK 1)

1988 年 7 月 20 日　初版発行
1996 年 3 月 22 日　16刷発行

KENKYUSHA
〈検印省略〉

著　者　　坂　　　起　世
　　　　　吉　岐　久　子
発行者　　浜　松　義　昭
印刷所　　研究社印刷株式会社

発行所　　研究社出版株式会社

〒102
東京都千代田区富士見 2-11-3
電話 (編集) 03 (3288) 7755 (代)
　　 (販売) 03 (3288) 7777 (代)
振替 00170-2-83761

ISBN4-327-38420-8　C1381